JK〈準備と確認〉で人生が変わる

高校野球で結果を出す方法

田尻賢誉
Masataka Tajiri

ベースボール・マガジン社

まえがき

世の中には、2種類の人がいる。

ひとつは、見える部分に目を向ける人。もうひとつは、見えない部分に目を向ける人だ。これは、木に例えるとわかりやすい。見える部分に目を向ける人が見るのは、太い幹や枝、葉。見えない部分に目を向ける人が見るのは、根っこだ。なぜ、台風が来ても大木が倒れないのか。それは、土の中で根っこを広く深くはりめぐらせているからだ。土台である基礎がしっかりできているから、びくともしない。土台となる準備ができていれば、どんなに強風が吹こうと、豪雨が襲ってこようと、どっしり構えていられる。

準備が余裕を生むのだ。「いざ、本番」というときに余裕がなく、緊張する人は、準備が不足している。本番で苦しい顔をしているのは、準備で苦しんでいない証拠。本番で笑顔でいるためには、準備で苦しむことが必要なのだ。

準備をすることで、もうひとつ大きな効果がある。日米通算4367安打を記録した稀代の大打者・**イチロー**（元マリナーズ）はこんな言葉を残している。

「準備をしておけば、試合が終わったときにも後悔がないじゃないですか。例えば、グラブの手入れを前の日にしなかった。その次のゲームでたまたまよくないプレーをしてしまったら、おそらくそこで後悔が生まれるわけですよ。そういう要素をなくしていきたい。試合に入るまでに、全部。それで試合に臨みたい。そうすれば、どうしてダメだったかという理由もわかりやすいですからね。要するに、〝準備〟というのは、言い訳の材料となり得るものを排除していく、そのために考え得るすべてのことをこなしていく、ということですね」（石田雄太著『イチロー・インタヴューズ』より）

後悔をなくす、言い訳をなくす、結果が出なかったときにふり返る確認材料にする。これが、準備をする意味なのだ。マリナーズの菊池雄星は花巻東時代、「準備を怠るということは、失敗の準備をしているようなもの」と言っていたが、まさにその通り。**考えられるすべてのＪＫ＝準備と確認をすることで、想定外をなくすことができる。**

もちろん、どれだけＪＫをしたところで、相手が強ければ負ける。これが勝負の世界の厳しさだ。だが、それは結果。結果はコントロールできないが、常に準備をするかどうかというのは、自分でコントロールできる。

準備さえしておけば、〝何か〟が起きる可能性がある。レギュラー選手がケガをして、突然スタメンのチャンスがくるかもしれない。優勝候補が次々に敗れ、優勝のチャンスがくるかもしれない。そのときに、「準備ができていません」と言うようでは、チャンスをつかむことはできない。

2007年夏の甲子園で優勝した**佐賀北**は、県立の進学校。練習時間は短かったが、その多くを体力強化のメニューに充てた。冬場だけではなく、年間通してインターバル走、スクワットや伸脚など約20種類のメニューをこなす下半身強化を継続。佐賀県大会で優勝し、甲子園出場を決めたあとも体力強化に励んだ。「もっと実戦練習を増やしてほしい」と選手から不満が出るほどだったが、**百﨑敏克監督**（当時）は頑として受け入れず、徹底してトレーニングを続けた。

その結果、佐賀北は2回戦・宇治山田商戦の延長15回引き分け再試合、準々決勝・帝京戦の延長13回を含む、史上最多の7試合73イニングを戦い抜いて優勝。最後までパフォーマンスが落ちずにプレーできたのは、決勝まで戦う体力があったからだ。運がよかったから勝てたのではない。準備ができていたから勝てたのだ。

チャンスは準備している人にしか訪れない。逆に言えば、**準備していない人は、何がチャンス**

なのか、チャンスがいつかもわからないまま終わってしまう。

ＪＫ＝自己管理も含めたＪＫが習慣化すれば、常に準備ができている状態になり、好不調の波が少なくなる。悪くても最低限のパフォーマンスを出すことができ、安定した成績が残せるようになる。〝一発屋〟ではなく、ＪＫ＝持続可能な選手、組織になるのだ。

目に見える部分にばかり目を向ける人は、すぐに結果を出そうと焦る。結果ばかり見て、準備に対してのエネルギーがおろそかになる。たとえ結果が出ても、一時期だけで続かない。

やはり、目を向けるべきは目に見えない部分。根っこや基礎・基本、土台だ。試合に臨むまで、プレーをするまでにどれだけのＪＫをするか。結果を出す人というのは、結果に目を向ける人ではない。運がいい人でも、才能がある人でもない。準備と確認に全力を注ぐ人なのだ。

contents

まえがき……2

第1章 北照のJK……21

普通で特別なあいさつから、奇跡が始まる……22

北照のJK1 あいさつを語尾まではっきり丁寧に言う……26

北照のJK2 道具をきれいに並べる……29

北照のJK3 バットを両手で丁寧に置く……32

北照のJK4 ボール回しをする……36

北照のJK5 近い距離のキャッチボールをする……39

北照のJK6 守備位置に就くときはフェアグラウンドを通らず、地面を手でならす……44

北照のＪＫ７　使える情報がないかアンテナを張って、ものごとを見る　47
北照のＪＫ８　一塁線、三塁線を大きくあけて守る　51
北照のＪＫ９　切り換えルーティンを作る　54
北照のＪＫ10　慣れるまでは指導者が言い続ける　55

第2章　星稜のＪＫ　65

ＪＫ不足が大事な場面で出る　66
ＡＴＫ――最悪、最低限、最高を考えているか　68
星稜のＪＫ１　誰でもできることを徹底する　70
星稜のＪＫ２　地面をならして安心感を得る　74
星稜のＪＫ３　バットを置いて自己肯定感、一体感を高める　76

contents

星稜のJK4 打つ準備をして試合前のあいさつに向かう 78
星稜のJK5 イニング間のキャッチボールはライナーで投げる 80
星稜のJK6 フェンスまでの距離を測る 83
星稜のJK7 事前の声でポジショニングを確認する 84
星稜のJK8 走塁のJK——自信と根拠を持つ 85
星稜のJK9 ドアを丁寧に閉める 87
星稜のJK10 情報を共有する 89
星稜のJK11 自己管理をする 92
星稜のJK12 自分で考え工夫する 94
星稜のJK13 相手の立場に立って行動する 97
星稜のJK14 練習でできていることだけを試合でやる 99
星稜のJK15 きつい場面で自分に勝つと決める 103

星稜のＪＫ16 十分な水分補給を行う……105
星稜のＪＫ17 対戦相手の分析をする……107
プラスα ＴＹ＝続けてやるために「3つのＴＹ」を実践する……111

第3章 山瀬慎之助のＪＫ……115

勝ちきれない要因に気づく……116

山瀬慎之助のＪＫ1 捕手の守備練習は防具をフル装備で行う……118
山瀬慎之助のＪＫ2 スルーせずに厳しいことを言う……121
山瀬慎之助のＪＫ3 何のために何を意識して練習するか確認する……122
山瀬慎之助のＪＫ4 整列時に打席の準備をして攻撃のスイッチを入れる……124

contents

山瀬慎之助のJK5　四死球時にバットを置いてリセットする……126
山瀬慎之助のJK6　自分の前の地面をならす……127
山瀬慎之助のJK7　ストレッチや体幹トレーニングでケガを予防する……129
山瀬慎之助のJK8　相手チームの分析をする……131
山瀬慎之助のJK9　カバーリングと全力疾走をしっかりする……132
山瀬慎之助のJK10　投げずに進塁させない「抑止力」を高める……134

第4章　奥川恭伸のJK……139

悔しさをエネルギーに変える……140
奥川恭伸のJK1　冬にわくわくしながら練習する……142
奥川恭伸のJK2　今やるべきことに集中する……144

奥川恭伸のJK3 課題に対して自己管理する 146
奥川恭伸のJK4 キャッチボールで投球を見直す 150
奥川恭伸のJK5 打順が近いときは防具をつけてキャッチボールをする 152
奥川恭伸のJK6 イニング間の投球練習の最後の1球はスライダーを投げる 153
奥川恭伸のJK7 周りの期待に応える投球で応援してもらう 154
奥川恭伸のJK8 実現可能なことに集中する 157

第5章 帯広農のJK 165

TY=とにかくやってみる 166
帯広農のJK1 天気予報を見て状況を考える 171
帯広農のJK2 走塁で「時間と距離」にこだわる 173

contents

帯広農のJK3 地域に応援されるチームになる 175
帯広農のJK4 パワードリンクと補食で身体を作る 177
帯広農のJK5 人の心を動かす資料を作る 180
帯広農のJK6 雪の上で練習する 182
帯広農のJK7 「1イニング勝負」で勝つ確率を上げる 184
帯広農のJK8 事前に決勝までの行動スケジュールを決める 185
帯広農のJK9 勢いを止めない采配をする 187
帯広農のJK10 明治神宮大会に足を運び全国レベルを知る 189
帯広農のJK11 甲子園のスタジアムツアーに参加する 191
帯広農のJK12 チームのキャッチフレーズを発表する 193
帯広農のJK13 相手チームの研究と対策をオーバーにする 195
帯広農のJK14 相手のお株を奪うプレーを成功させる 197

帯広農のＪＫ15　地面をならしてイレギュラーを防ぐ　199
帯広農のＪＫ16　ベンチの選手も全員で指さし確認をする　201
帯広農のＪＫ17　勇気を出してゆるい球を使う　204
帯広農のＪＫ18　笑顔で戦う　209
帯広農のＪＫ19　ベンチもスタンドも全員で帽子を取って謝罪する　213
帯広農のＪＫ20　期限を設けて覚悟を決める　217

第6章　マネジャーのＪＫ　221

「チームの顔」のＪＫ　222

「チームの顔」のＪＫ1　何のために飲み物を出すのかを考える　222
「チームの顔」のＪＫ2　少しの工夫で人の心を動かす　226

contents

「チームの顔」のＪＫ３　手書きのメッセージを書く……228
「チームの顔」のＪＫ４　相手のことを事前に知る……230
「チームの顔」のＪＫ５　続けることでさらに工夫する……232
「チームの顔」のＪＫ６　飲み物のメニュー表を作る……240
「チームの顔」のＪＫ７　「作業」ではなく「仕事」をする……243

帯広農、掛川西、中京大中京マネジャーのＪＫ……246

帯広農マネジャーのＪＫ１　うがい用のコップ、お手ふき用のタオルを用意する……247
帯広農マネジャーのＪＫ２　どうしたら喜ばれるか考える……248
帯広農マネジャーのＪＫ３　コップの底にメッセージを書く……250
帯広農マネジャーのＪＫ４　相手のことを考えて行動する……254
帯広農マネジャーのＪＫ５　自らやると決める……257

掛川西マネジャーのJK1　ボール型のメッセージカードを作る……260
掛川西マネジャーのJK2　弁当の内容を相手によって変える……263
掛川西マネジャーのJK3　ホワイトボードへの記入を見やすくする……265
中京大中京マネジャーのJK1　季節ならではのものを準備する……268
中京大中京マネジャーのJK2　JKを進化させる……270
中京大中京マネジャーのJK3　楽しんでJKする……272
中京大中京マネジャーのJK4　来客の特徴を記録する……274
中京大中京マネジャーのJK5　もっとよくするには、と考える……276
中京大中京マネジャーのJK6　シフト制で情報を共有しミスをカバーする……278
中京大中京マネジャーのJK7　そうじは入念に行う場所を日ごとに決める……280
中京大中京マネジャーのJK8　電車で想像力、観察力を鍛える……282

記録員のＪＫ 285
記録員のＪＫ１ スコアを書く以上の「戦力」となる 285
記録員のＪＫ２ 選手を勇気づける声かけをする 287
記録員のＪＫ３ 野球を学び、プレーについても話す 288
マネジャーの極め方 290
ＴＹ＝とりあえずやってみる 290
継続動機のＫＹＳを大事にする 292

第7章　強豪校、一流選手のＪＫ……295
強豪・一流のＪＫ１　土台作り１　あえて睡眠不足の状態を作る……296
強豪・一流のＪＫ２　土台作り２　あえて主力を欠場させる……298
強豪・一流のＪＫ３　土台作り３　雨でも練習する……300
強豪・一流のＪＫ４　土台作り４　ブルペンではさまざまなボールを使って投げる……304
強豪・一流のＪＫ５　土台作り５　長袖のアンダーシャツを着て練習する……306
強豪・一流のＪＫ６　守備１　太陽がまぶしいときに備える……308
強豪・一流のＪＫ７　守備２　送球の際の目安を作る……311
強豪・一流のＪＫ８　守備３　ファウルグラウンドの広さを確認する……313
強豪・一流のＪＫ９　守備４　クッションボールの確認をする……315
強豪・一流のＪＫ10　守備５　カバーリングとバックアップを怠らない……317

contents

強豪・一流のJK11 守備6 イニング間のボール回しを工夫する 320
強豪・一流のJK12 守備7 ノックでタイムを計る 322
強豪・一流のJK13 守備8 一塁線、三塁線のグラウンド状態を確かめる 325
強豪・一流のJK14 走塁1 ホームベースからバックネットまでの距離を確認する 326
強豪・一流のJK15 走塁2 風の確認をする 328
強豪・一流のJK16 走塁3 捕手のサインを見て盗塁する 330
強豪・一流のJK17 走塁4 相手の外野手がカットに投げるか確認する 332
強豪・一流のJK18 投手1 ブルペンでも試合を想定して投げる 334
強豪・一流のJK19 投手2 息が切れた状態でピッチング練習をする 338
強豪・一流のJK20 投手3 プレッシャーをかけて内角に投げる練習をする 340
強豪・一流のJK21 投手4 プレートの踏む位置を変える 342
強豪・一流のJK22 投手5 投球する手や腕を守る 345

強豪・一流のJK23　打撃1　打撃練習の1球目から勝負をする　347
強豪・一流のJK24　打撃2　状況をイメージして工夫した打撃練習をする　350
強豪・一流のJK25　打撃3　打席に入るときは「今するべきこと」を整理する　352
強豪・一流のJK26　打撃4　失敗を受け入れてやるべきことを考える　355
強豪・一流のJK27　打撃5　打撃練習で毎回、打撃投手の調子を確認する　357
強豪・一流のJK28　コーチャー　チームのためにできることを考えて行う　360
強豪・一流のJK29　キャプテン　投手に休む時間を与えるために待球する　362
強豪・一流のJK30　心がけ1　ぎりぎりまで自己改善を続ける　364
強豪・一流のJK31　心がけ2　最後までやりきる　365
あとがき　370

カバー写真　2020年交流試合を笑顔で戦った帯広農ナイン
協力　株式会社読売巨人軍、株式会社ヤクルト球団
デザイン　黄川田洋志、井上菜奈美、中田茉佑、有本亜寿実（ライトハウス）
写真　田尻賢誉、ベースボール・マガジン社
校閲　永山智浩

第1章

北照のＪＫ

普通で特別なあいさつから、奇跡が始まる

一瞬で、すべてが変わった。

2018年の5月。春季全道大会が行われる札幌円山球場に到着した北照の選手たちが球場入りするときのことだった。球場のライト側にあるバス駐車場から球場正面玄関までの間には、観客が入場するネット裏の入口がある。入口の前に列を作っている観客に対して、北照の選手たちがこうあいさつをした。

「おはようございます」

特別なあいさつではない。だが、観客には特別に聞こえた。その理由は選手たちが立ち止まって、足をそろえてあいさつしたからだけではない。

語尾まではっきりと、しっかりあいさつをしたからだ。

よく「野球部の選手はあいさつができる」と言う人がいるが、それは疑問だ。なぜなら、彼らのあいさつのほとんどが「こんにちは」と言わず、「ちわ」、「ちわっす」など短縮形を使ってい

るから。「ありがとうございます」は「あざっす」、「ありがとうございました」は「したっ」と言う。「した」では何かわからない。思わず「うえ（上）」と返したくなるほどだ。時間帯を考えず、朝も夜も「ちわっす」と言うのも珍しくない。

しかも、そのほとんどが指導者から「あいさつをしろ」と言われてしているため、ただ言っているだけのかたちだけのもの。中には、あいさつをされたこちら側が「これならしないほうがいいな」と思うようなテキトーなあいさつをする選手もいる。こちらの目を見ないどころか、背中越しに「ちわっす」と言う選手も多くいる。後ろから次々に「ちわ」という声が聞こえることもよくあるが、これでは、誰が誰に対してあいさつをしたのかわからない。この他にも、すぐ目の前にいるというのに、道路の反対側からあいさつをしたのかと思うほど大きな声であいさつをする選手もいる。これは指導者に「元気よくあいさつしろ」と言われているせいもあるが、何も考えていない証拠でもある。**ＪＫ＝状況を考え、臨機応変に声の大きさを変えられる選手でないと、考えることの多い野球の試合では使えない。**

このように、やる理由も意味もわからず「ただ、やっているだけ」になってしまいがちのチームが多いため、北照の選手たちのあいさつは観客たちにとって新鮮だったのだ。このときのことを上林弘樹監督はこうふりかえる。

「並んでるお客さんにあいさつをした瞬間に、お客さんが『えっ⁉』って顔をしたんです。『北照、どうしたんや？　あいさついいぞ』みたいな感じで、ざわざわしたんですよ。正面玄関を入って控え室に行くときに、高野連の先生方にも『おはようございます』とあいさつしたんですけど、そこでも『えっ⁉』という感じがあった。生徒も『あいさつを変えるだけで、これだけ反応が違うんだ』という感じになりましたね」

なぜ、そこまでの衝撃があったのか。それには、北照の過去にも理由がある。17年までに春夏合わせて8回甲子園に出場。13年春にはベスト8進出と実績を上げたが、北海道内での評判は決してよいものではなかった。京都田辺ボーイズ時代からバッテリーを組んだ加登脇卓真（元巨人）、西森将司（元DeNA）をはじめ、プロ入りした植村祐介（元日本ハム）、西田明央（現ヤクルト）、村上海斗（元巨人）ら多くの選手が道外出身だったからだ。又野知弥（元ヤクルト）、吉田雄人（元オリックス）、齋藤綱記（現オリックス）ら道産子のプロ野球選手もいたが、ベンチ入りのほとんどが関西出身の選手だった年もあり、道民からの人気は得られなかった。また、関西出身の選手にはやんちゃな選手が多く、グラウンドでの態度や関西弁でのヤジも悪い印象を与えた。

04年夏にベンチ入りメンバーが全員道産子の駒大苫小牧が北海道勢初の全国優勝を果たすと、北照は完全にヒール役となる。翌年からは駒大苫小牧にも兵庫出身の田中将大（現楽天）、山口就継がいたが、そこはほとんど触れられず、ファンからは道外出身者の多い北照ばかり目の敵にされた。ただでさえ逆風が吹く状況だったが、16年にはさらに追い打ちをかける出来事が起きる。部員の暴力や校則違反による不祥事で学校から無期限活動停止の処分を受けたのだ（4か月後に活動再開）。秋の大会は出場辞退。15年から16年の間に河上敬也監督、後任の竹内昭文監督が退任。北照の評判も地に落ちた感じにすらなった。

北照のJK1

あいさつを語尾まではっきり丁寧に言う

逆風吹き荒れる17年の1月に監督になったのが、05年から部長を務めていた上林監督だった。「いくらいい選手がいても、**応援されるチームにならなければ勝てるチームにはならない**。何かを変えないといけない。新しい伝統を作りたい」。その想いでチーム改革に乗り出したひとつが、**あいさつを語尾まではっきり丁寧に言う**ことだった。あいさつの仕方を変えたのが、18年春の全道大会から。バスを降りて、初めてしたあいさつが観客の心を動かしたのだ。このときに目の前で見た観客の反応以外にも、目に見える成果があった。大河恭平部長は言う。

「その日の試合に勝って夕方ぐらいに、円山球場に来てた人がツイッターで『北照のあいさつはさわやかで素晴らしかった。北照を応援したい』みたいなことを書いてたんです。すごくタイムリーでしたね。（丁寧なあいさつを）やってすぐにリアクションがあったので、生徒たちも『こういうことをやり続けたら応援してもらえるんだ』と確信になったと思います。そこからもっと工夫するようになりましたね」

キャプテンだった三浦響もこのときのことが印象に残っているという。

「ファンの人たちだけじゃなくて、他のチームの指導者や関係者の人たちにも『北照はあいさつが変わったね。すがすがしいね。こっちも気持ちがよくなる』と言われたんです。それが一番うれしかったですし、やってよかったと思いました。周りの人たちからそう言ってもらえたことで、野球のプレーや取り組む姿勢も一から見直しができました。応援されてるんだなと思いながら野球ができましたし、野球以外のことに目を向ける時間が多くなったと思います」

47都道府県の代表が日本一を争うのが高校野球。地元の人から応援されることが、もっとも力になる。それまではその部分で損をしていた北照だからこそ、声援のありがたみがわかる。三浦が続ける。

「北照はいろいろ問題があったこともあって、何かだらしない態度をしてしまうと、(周囲から)そこにつけ込まれるというか。すべてマイナスのほうにいってしまうんですよね。プラスになることがひとつもなかったと言っても過言ではないぐらいだったんです。自分はキャプテンで列の先頭だったので、チームの顔としてまず第一声でしっかりあいさつができるかどうか。もうひとつの試合じゃないですけど、**『ここから勝負が始まる』という思いを持ってあいさつ**をしてましたね」

短縮形で「ちわっ」と言うのも、「こんにちは」と言うのも労力は変わらない。「こんにちは」と言ったら何倍も疲れるということはないのだ。高校生がなぜ短縮形で言うのかといったら、面倒くさいか「周りがみんなそうしているから」というだけ。たいした理由はない。どうせやるなら、相手が気持ちよくなるようなあいさつのほうがいい。たった数文字をはっきり丁寧に言うだけで受け取る相手の印象は何倍も変わる。やらない理由は、ない。

北照のＪＫ２

道具をきれいに並べる

18年春には、あいさつ以外にも多くのことを変えた。**まず取り組んだのは、道具を並べること。**だが、選手の意識はそれ以前の問題だった。三浦響がふりかえる。

「並べる前に道具をきれいにしてこないという問題がありました。練習時間が長いので、寮や自宅に帰ったらどうしても疲れて、手入れをおろそかにしがちなんですけど、全員に『道具を買ったときのことをふりかえってみろ』と言いました。親がお金を出してくれて、買ってもらってるわけですよね。買った当初の気持ちを思い出しながらやることで、1日でも1時間でも長く使うことが道具に対しての恩返しなんじゃないかと。耳の痛いことをずっと言ってましたね」

そう言う以上は自分がやらなければいけない。誰よりもきれいにするよう心がけた。グラウンドに行くと他の選手の道具をチェック。汚れたままのスパイクや手入れの甘いグラブを見つけると持ち主を呼んで練習前にきれいにさせた。

「やろうと思えばものの5分もかからないんですよ。時間がかかることでもないのに、こういうことを怠っていたら、野球のプレーで気づくものも気づかない。全員に『これで気づけというほうが難しいぞ』と伝えてましたね」

レギュラー組でも岡崎翔太、玉置辰伍ら手入れの甘い選手がいたが、三浦の〝指導〟により徐々にやるようになっていった。

道具をきれいにするようになったら、次は並べること。それまではカバンや靴、スパイクなどを無造作に置いていたが、向きやつま先をそろえて並べるようになった。もちろん、これにもやる理由がある。

甲子園を目指すにあたり、よく言われるのが、「チーム一丸となって戦おう」ということだ。19年に行われたラグビーワールドカップで日本代表の「ワン・チーム」が話題になったように、**チーム全員が同じ方向を向けば、持っている力以上の力が生まれる**。だが、実際のところ、誰が何を考えているかは誰にもわからない。なぜなら、他人の心の中は見えないからだ。心という見えないものをそろえようとしているのに、目に見えるものすらそろえられなければ話にならない。

まずは、カバンや靴など〝**目に見えて、動かないもの**〟**をそろえることが第一歩になる。**

これができるようになったら、〝目に見えて、動くもの〟をそろえる。具体的には、あいさつをする際におじぎをするタイミングやランニングで足をそろえることなどだ。野球部の場合、ランニングは練習の一環なので足がそろっているチームは数多くあるが、足がそろっていても道具がそろっていないチームは意外に多い。ここを見落とす指導者が多いが、気づかないと大変なことになる。こういうチームは簡単なことをおろそかにする傾向があるため、些細なミスをしがちだ。さらには、小さなミスから大きく崩れることが多くなる。いいときはいいが、悪いときは立て直せない、好不調の波が激しいチームになってしまう。

横着をせず、〝**目に見えて、動かないもの**〟、〝**目に見えて、動くもの**〟、**そして**〝**目に見えなくて、動くもの**〟**の順にそろえていくこと**。簡単なことをバカにせず、ひとつずつクリアしていくことでチームの基礎、土台ができあがるのだ。

北照のJK3

バットを両手で丁寧に置く

簡単なことを丁寧に、誰でもできることを完璧に——。上林監督は試合の中でもいくつかのルールを作った。

ひとつは、**バットを両手で丁寧に置くこと**。フォアボールやデッドボールで出塁する際、多くの選手はベンチの方向にバットを投げるが、それをしない。一塁側のファウルラインに沿って丁寧に置く。丁寧にとは、バットのグリップから手を離すときまでという意味。地面の数センチ上から手を離すのはアウト。グリップが地面につくまで置いて合格となる。やる理由は道具を大切にするのが第一にあるが、心のトレーニングという意味もある。大量リードしていても、劣勢に立たされていても、どんな試合展開でも同じようにやることができるか。デッドボールで痛い思いをしても冷静に置けるか。このときの行動に心の状態が表れるからだ。

これをやろうと決めて初めて臨んだ試合が、2018年の春の全道大会だった。2回戦のクラーク国際戦。初回の先頭打者・中谷彪真がフォアボールを選んだ。それまでのクセで思わずバットを投げそうになった中谷だが、途中でハッと思い出した。投げかけた手を止め、一塁ファウルラインに沿って丁寧にバットを置いて一塁へ向かった。あいさつに加えて、これがすべての始まりになった。大河部長は言う。

「みんなでやろうとしたことができた。あの瞬間ですよね」

上林監督も賛同する。

「バットを置く。あれは大きかったです。流れを変えるというか、勢いに乗せるという意味で、バットを置くのはすごかったですね」

丁寧にバットを置くという行為。試合に関係ないこの動作が、なぜチームに勢いをもたらすのか。上林監督の心に大きく残るワンシーンがある。約1か月後の夏の小樽支部予選のことだ。小樽潮陵との代表決定戦。前日に15対0と大量リードしながら3回で降雨ノーゲームになった嫌なムードを引きずった北照は、4点リードされて8回裏の攻撃を迎えた。前日から降っていた雨が強くなり、降雨コールドゲームもよぎる最悪の雰囲気。キャプテンで捕手と、チームの精神的支柱の三浦がこの時点で涙を流していたほどだった。

だが、先頭打者の掛谷和紀は冷静だった。フォアボールを選ぶと、丁寧にバットを置いて全力疾走で一塁に向かったのだ。大河部長がふりかえる。

「ウチは一塁ベンチだったんですけど、掛谷がフォアボールを選んで、目の前でバットを置いて、ベンチにガッツポーズして一塁に行ったんですよ。みんなバットをちゃんと置くかどうか注目していた。それでベンチはワーッとなったんですよね。あれは大きかった。そこから連打、連打で奇跡の逆転劇でしたから。すごく印象的ですね」

三浦もこの場面が忘れられないという。

「バッテリーのせいで打たれて、チームが負けそうになっている。原田（桂吾、投手）と2人で『オレらのせいだ』と思い詰めてたんです。でも、掛谷を見て刺激を受けました。『みんなはあきらめてないんだ』と。掛谷のひとつの行動で流れがガラッと変わりました。チームが窮地に立ったときに、徹底してきたことができた。チームの徹底力が出たシーンだったと思います」

ただバットを置くだけでも意外に難しい。特に終盤の劣勢の場面では、選手も気合が入っているため、「よっしゃあ」とバットを投げてしまうもの。**感情に左右されず、やると決めたことを冷静にやったことがチームに勢いを与えた。**このあと、4本の二塁打など打線がつながり6点を奪って大逆転。最後は三浦が決勝打を放ち、南北海道大会進出を決めた。上林監督は言う。

「あとからいろんな人に言われました。『あのフォアボールは球場の雰囲気を変えた』って。相手ベンチも『嫌だった。ただのフォアボールじゃなかった』と言ってましたから」

4点差ある状況での、たったひとつのフォアボール。客観的に考えれば、試合に大きく影響を与えるとは考えにくい。だが、北照にとってはただのフォアボールではなかった。**どんな状況でも、チームでやると決めたことをやりきる**。3年生には〝引退〟がよぎる追い込まれた精神状態で、いつも通りにやれたことが心の成長。かつてのやんちゃな集団では、キレてしまい、逆転はできなかっただろう。**目に見えない心が、目に見える行為となって表れたことでチームはひとつになった**。

北照のＪＫ４

ボール回しをする

もうひとつ、**チームに一体感をもたらすうえで大きかったのはボール回しだ。**

ボール回しといっても、ダイヤモンド内で回すボール回しではない。選手で輪を作り、テニスボールなどのボールを素手でトスして、となりの選手に渡していく。右に5回、左に5回、右に4回、左に4回、右に3回、左に3回、右に2回、左に2回、右に1回、左に1回を途切れることなくノーミスで回すことができればクリアだ。春に少人数から始めたボール回しは学年ごと、2、3年生全員と発展し、迎えた南北海道大会の前日。1年生を含めた全部員でチャレンジした。結果は一発でクリア。小樽潮陵戦の大逆転に加え、59人によるボール回しもノーミスで成功したことで、チームは手応えを持って大会に入った。これ以降、ボール回しは試合前のルーティンとなる。三浦が言う。

「戦いに行く前に精神を統一するというか、もう一回チームがひとつになった状態で試合に臨もうと。ノーミスで終わって『よし、大丈夫だ』となってましたね。一回もミスしないまま全道の決勝までいきました」

見える道具すらそろっていなかったチームが、見えない心をそろえられるようになった。チームの雰囲気が変わり、応援されるチームになった。南北海道大会を戦いながら、三浦はこんなことを感じたという。

「1回戦が終わる、2回戦が終わる……。試合を重ねるごとに周りからの声援が温かい言葉に変わっていくのを実感できました。ベンチの上からファンの人たちが『頑張れよ。絶対甲子園行けよ』と言ってくれたり、『小樽から応援に来たぞ』と言ってくれる人もいました。そういう言葉が本当に力になりました。言葉では表せないようなパワーをもらったと思います。間違いなく、自分たちを勢いづけてくれたひとつでしたね」

試合では、こんなこともあった。相手チームの中に、バッターボックスの白線をわざと消し、ベースぎりぎりに立って、デッドボールを取ろうと内角の球に当たりにくる行為をする選手がいた。その行為を見たキャッチャーの三浦がふりかえって球審を見ると、審判は「わかっている」

とうなずいた。それ以後、ストライクゾーンが変わったという。審判も人間。微妙な心理が判定に影響することもあるのだ。

そうやって周りが盛り上げてくれた結果が、知内、札幌第一、札幌日大、駒大苫小牧を破って5年ぶりの夏の甲子園出場。ヒール役から生まれ変わったチームの一体感による勝利だった。

北照のＪＫ５

近い距離のキャッチボールをする

新しい伝統を作る試みを始めてすぐに結果が出た。だが、続けて勝てるほど勝負の世界は甘くない。その秋は全道大会に出場はしたものの、初戦で旭川大高に8対15の7回コールドで敗れた。最上級生となった2年生は北照が不祥事で出場停止になったときに中学3年生だった世代。当時は野球部に問題が続いていたため入学を敬遠する選手が多く、例年より人数も少なく実力もない〝最弱世代〟といわれていた。ひと冬を越えても結果は出ず、春の大会は小樽支部予選でこれまで一度も負けたことのなかった小樽双葉に9対14で敗れ、全道大会出場を逃すという屈辱を味わった。

結果が出ないのは力がないだけではない。必ず理由がある。前チームとの違いは何か。2年生で唯一、ベンチ入りしていたキャプテンの伊藤陸は言う。

「スパイクの磨き方が汚いヤツが何人かいました。雨のときは汚いんでみんなやるんですけど、ちょっと汚れたときはやらない人がいるんです」

その一人が、エースの桃枝丈だった。右のサイドハンドから140キロの速球を投げる実力を持つが、気持ちが不安定。面倒くさいことをサボる傾向があった。スパイクを磨かないだけではなく、自分のカバンの向きがそろっていないのに気づかないこともあった。2年秋の新チームに入るときには、〝退部騒動〟も起こしている。桃枝は言う。

「(2年夏の南北海道大会が終わり)甲子園の前にもう一回メンバー決めがあるのでめちゃくちゃ狙ってたんです。最後の紅白戦も調子がよかったんですよ。(控えの)3年生よりいいと思ってたのに入れなくて怒ってました。(チームに帯同した)甲子園の宿舎のエアコンは(チームとしての)設定温度が決まってるんですけど、守ってなくて。そこからずっと怒られてて、新チームから『もう行きたくない、やめる』ってなったんです」

逃げ出したつもりが、実家最寄りの手稲駅で降りると上林監督が待っていた。桃枝の行動を予測し、練習を中断して先回りしていたのだ。学校へ帰る車の中で「今の感情だけで決めるな」と諭され、退部は思いとどまった。秋も春もエースとして投げたが、そんな状態のため「信頼がなかった」(伊藤)。技術面でも精神面でも仲間から認められていなかった。結果も出ず、自分自身を見つめ直すしかなくなった。

「面倒くさいことをやらなくても、小樽支部ぐらい勝てると思ってました。そこで負けたのと、もう一人のピッチャーがケガをして、上林先生から『ピッチャーでも打線でも引っ張る立場になるから、お前がお手本になってやれ』と言われて、そこから自分の気持ちも変わりました」

それまでは自宅から通っていたが、寮に入り、練習量を増やした。食事も人より多く食べ、夏の大会に向けて身体作りに励んだ。もちろん、これまでサボりがちだった面倒くさいことにも目を向けるようになった。

「ベンチ前できれいな状態でスパイクがそろっていたら、汚い人は目立つんで。きれいに磨いてしっかりまっすぐ並べるようにしました」

練習の内容も変わった。サイドスロー特有のシュートする140キロの速球とキレのあるスライダーを持ち、北照のエースとして十分な力がありながら結果が出なかったのは自信がないからだった。「力を抜いて打たれたら後悔するから」と投げるときは常に全力。それが力みにつながり、制球を乱して自滅するのがパターンだった。

これを改善するために取り組んだのは**近い距離でのキャッチボール**。18・44メートルだとコントロールがバラつくため、まずは12メートル程度の距離で、確実に狙ったところへ投げられるようにすることから始めた。キャッチボール相手に必ずグラブを構えてもらい、**真ん中から右、または左と二分割を正確に投げられるように練習した**。狙ったところに10割いくようになったら、距離を延ばす。**あいさつやバットを置くのと同様、簡単なことを確実にやるよう意識した**。

「近い距離のキャッチボールはずっとやってました。やり始めてからは遠投しなくなりましたね。（一人で）ピッチング練習するときもホームベースの上にティー台を置いて、2分割を意識してやりました。あれでコントロールがついたと思います」

インコースにシュート系のストレート、アウトコースにスライダー。球筋がカタカナの「ハ」の字になるよう意識した（**図1**）。コントロールさえ安定すれば球威とキレはある。抑えようという意識を捨て、「打ってもらおう」という意識で7～8割程度の力で投げると意外と簡単に打ち取れることに気づいた。夏の大会直前の6月に覚醒。小樽支部予選から南北海道大会まで全7試合に先発。61イニング中、一人で60イニングを投げ抜き、8点しか与えない好投で甲子園に導いた。

「全部全力で投げてたら、（体力が）もたなかったです」

ホームベースの真ん中に架空のラインを引き、内側か外側かの二分割を投げきることだけに集中する。**ＪＫ＝実現可能な簡単なことを積み重ねて、**桃枝は絶対的なエースに成長した。

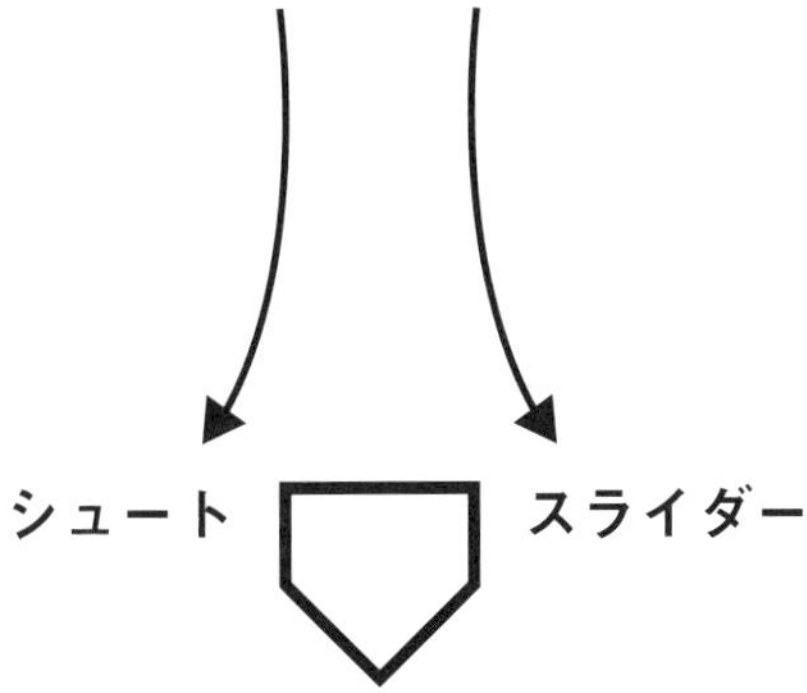

図1　ピッチング練習でハの字を意識する（図は右投手の場合）

北照のＪＫ６

守備位置に就くときはフェアグラウンドを通らず、地面を手でならす

２０１９年春の小樽支部敗退により、自分たちを見つめ直したのは桃枝だけではなく、他の選手たちも同じだった。チームとして、徹底することができていない、原点である、道具をそろえるところからやり直した。伊藤陸は言う。

「春の敗退が大きかったです。それまではサボる人が結構いたんですけど、そこからは3年生全員『やらない』じゃなく、注意する側に回ってました。野球でも自信と根拠のＪＫがなかった。負けが続くときは、プレーの理由を訊いても『〇〇と思った』という返しが多くなっていたのを感じたので、（なぜそういうバッティングをしたのか）根拠を答えられるように『意味のある打席、

意味のあるアウトにしよう』という声かけを増やしましたね」

自分がやりたいことではなく、チームのためになることをやる。心をつなぐ意識が一体感を生み、打線がつながるようになった。

守備でも準備と確認のＪＫを徹底。守備位置に就く際、内外野手ともフェアグラウンドの土の部分は通らず、遠回りして芝生の上を通って行くようにした。土の上を走るとスパイクの跡がついてしまう。少しでもグラウンドを荒らさないことで、イレギュラーが起きないようにするためだ。

守備位置に就いた内野手は、自分の周りの地面を丁寧に手でならすようにした。これも面倒くさいことだが、ショートを守る伊藤はやることの効果を実感した。

「ポジションに就くときに一番実感したのは基本の準備・確認です。イレギュラーしなくても見た感じで荒れてると守りにくいんです。でも、**ならして心の中だけでも変えておけば、守りやすさが全然違う。**ポジションに全力で行くのは早く行けばならす時間があるから。遠回りすれば足跡も減るので、面倒くさいとかは全然なかったです」

信じて続けていれば、奇跡が起きる。夏の南北海道大会では、二度も〝事件〟が起きた。一度目は準決勝の駒大苫小牧戦。4対4で迎えた9回表の攻撃だった。無死一塁で桃枝は送りバント。投手前の小飛球になったが、ワンバウンドした打球は大きくサード側に方向を変えて転がり、内野安打になった。一塁にヘッドスライディングで飛び込んだ桃枝は言う。

「あれ、なんでだろう。めっちゃいいところに跳ねましたよね。JKは大事だなと思いました」

この直後、國方海成のセンター前タイムリーヒットが出て勝ち越しに成功。さらに1点を加えて6対4で逃げきった。二度目は決勝の札幌国際情報戦。3対3で迎えた延長14回表の攻撃だった。二死二塁で伊藤の放った打球はセカンドほぼ正面へのゴロ。平凡な打球に見えたが、セカンドが捕る直前に微妙にバウンドが変わった。グラブをはじいた打球は一塁前に大きく跳ね、この間に二塁走者の楠絢心が一気にホームイン。最弱世代が2年連続の甲子園行きを決める決勝点となった。

北照のＪＫ７

使える情報がないかアンテナを張って、ものごとを見る

正しい日本語であいさつをする、バットを両手で丁寧に置く、フェアグラウンドの土の上を通らず守備位置に就く……。一つひとつは小さなこと。誰にでもできること。だが、それをＴＹ＝徹底してやる、続けてやることで見えてくるものがある。大河部長は言う。

「この19年の夏に対戦した相手チームの中に、キャッチャーがシートノックのときにマスクをバーンと投げたチームがあったんです。ボール回しに入る前ですね。普通は置くのに二人とも投げた。そのときに選手たちは『あっ』って言ってました。気になりますよね、ちょっとした動作が」

小さなことにこだわるからこそ、気づけるようになる。実は、札幌国際情報戦の決勝点をもたらした二塁走者の好走塁は**準備と確認**によるものだった。ＪＫをしっかりしていたのは、三塁コ

ーチャーの中村健人。この場面について、中村はこうふりかえる。

「14回が始まる前のイニング間、ファーストがゴロを転がしているときにショートのところで大きく跳ねたのを見たんです。結構ゆっくりのゴロだったんですけど、それでも結構跳ねていた。二塁と三塁の間でそれだけイレギュラーするということは、一、二塁間はもっと荒れてると考えました。それで、（セカンドに）ゴロが行ったときに跳ねるんじゃないかと。それと、イニング間の動きを見ているとセカンドはゴロを捕ってもゆっくり放ったりとか、結構疲れが見え始めていた。ボーっとして集中力がないように感じたので回しました」

北照では、二死二塁の内野ゴロは、二塁走者は全部ホームを狙うことになっている。とはいえ、延長で慎重になってもおかしくない場面。伊藤の当たりは正面でそれなりの強さもあった。中村のジェスチャーと指示が楠を後押ししたのは間違いない。**JK＝自信と根拠**がある判断だった。

「監督には『よう回したな』、伊藤には『回してくれてありがとう』と言われました」

自分たちの代の新チームになってから三塁コーチャーを任されるようになった中村。もちろん、初めから的確な判断ができたわけではない。秋はコーチスボックスにいても、「ピッチャーの球をただ見てるだけという感じだった」。そこから、**当たり前のことを当たり前にやることを積み重ねることによって気づき力が上がっていった。**

「（イニング間の）外野手のキャッチボールでスローイングを見たり、内野手のゴロに対しての入り方や送球を見たりしました。送球がシュートしてるかどうかとか、腕の位置を見るようになりました」

漠然と見るのと、何かスキはないか、使える情報はないかと目的を持って見るのとでは気づく力が変わる。回数を重ねるごとに、あることに気がついた。

「投球練習で次に投げる球種を手で教えるピッチャーは、その回に使いたい球を多く投げる傾向があるなと思ったんです。それをしないチームは丁寧というか、配球がうまいんですけど、球種を見せてるチームは狙い球が絞りやすい。コーチャーからも『この球種を多く投げてたから、もしかしたら増えるかもしれないぞ』とか伝えられるようになったと思います」

投球練習だから投手主導で投げるのが当たり前と考えるのか、投球練習とはいえ捕手がサインを出して投げるのか。練習試合など初対戦で情報がない相手にわざわざ球種を教えるのはスキがある証拠といえる。

「そういうチームだから、エラーがあるんじゃないかとか、自分の中で整理できるようになったかなと思います」

もちろん、普段の練習でもコーチャーとしての準備を欠かさなかった。フリー打撃の際も、実戦同様に走者をつけてコーチスボックスに入り、「この打球なら回す、回さない」と打球判断の練習をくり返した。

「**ＪＫがあると自信を持って回せる。**ちゃんと考えて説明できるようにもなったので、やっててホントよかったと思います」

中村に限らず、**ＪＫ＝自分で気づき、自発的に行動する選手が増えた。**大河部長は言う。

「それを一番感じたのは、南北海道大会の決勝で延長に入ってからなんですよ。（味方の攻撃中は）僕がずっと桃枝の首を冷やしてたんですけど、それを率先して（控え投手の仲村）学人がやるようになった。決勝だったんで、みんなの集中力がさらに増したと思うんですよね。僕がやってたことをいろんなヤツがやってくれるようになったんです。僕は逆に手を出すのをやめた。そういう意味で総力戦になってきたなって。それまでベンチでは上林先生の反対側にいたんですけど、そこからは何か聞かれたらすぐ答えられるよう近くにいられるようになりました」

ベンチに大人は二人しかいない。そのうちの一人が裏方の雑用をしなければいけないのか。試合に集中できるのか。これも大きな差になる。高校生よりは経験豊富な大人のほうが、気づく力が大きいからだ。

成長し、結果を残した選手たちと同様、小さなことにこだわることで上林監督の気づく力も磨かれていった。

2019年の大ヒットは大会前に内野の守備位置を大きく変更したこと。変わったのはファーストとサードの位置。野球界の常識といわれる定位置とは異なり、**一塁線、三塁線を大きくあけて守る**ようにしたのだ。

北照のJK8

一塁線、三塁線を大きくあけて守る

本塁を中心にして一塁線、三塁線からの角度が12度の位置。12度から15度近辺のところに多く打球が飛ぶというプロ野球のデータを参考にした（定位置といわれる場所は5度）。肩の強さを踏まえて深さを決め、ファーストは一塁ベースから左に8メートル、奥に9メートル、サードは三塁ベースから右に7メートル、奥に4・5メートルの位置にした（**53ページ図2**）。

一塁線、三塁線を抜かれるリスクは高くなるが、あくまでも打球が飛ぶ確率を優先して、〝捨てゾーン〟を作ったのだ。サードを守る選手たちの守備力に不安があったこと、桃枝が内野ゴロを多く打たせるタイプだったことから決断した。上林監督は言う。

「**TY＝とりあえずやる、**ですよね。このチームで勝つためにどうすればいいか悩んでいたときに、『これかも』と思ってやりました。一塁線、三塁線があくのは怖かったですけどね」

ある意味、賭けでもあったが、「力のないチームだから」と大胆にやったことが功を奏した。一、二塁間や三遊間を抜けるヒットが減り、孤軍奮闘する桃枝を助けた。大河部長は言う。

「このポジションに守ってノックを打つとわかるんですけど、ヒットコースがないんですよ。ボールを浮かさないと外野に行かない。ゴロだと抜けるところがないんです」

力がなければ頭を使うしかない。常識にとらわれない工夫が吉と出た。

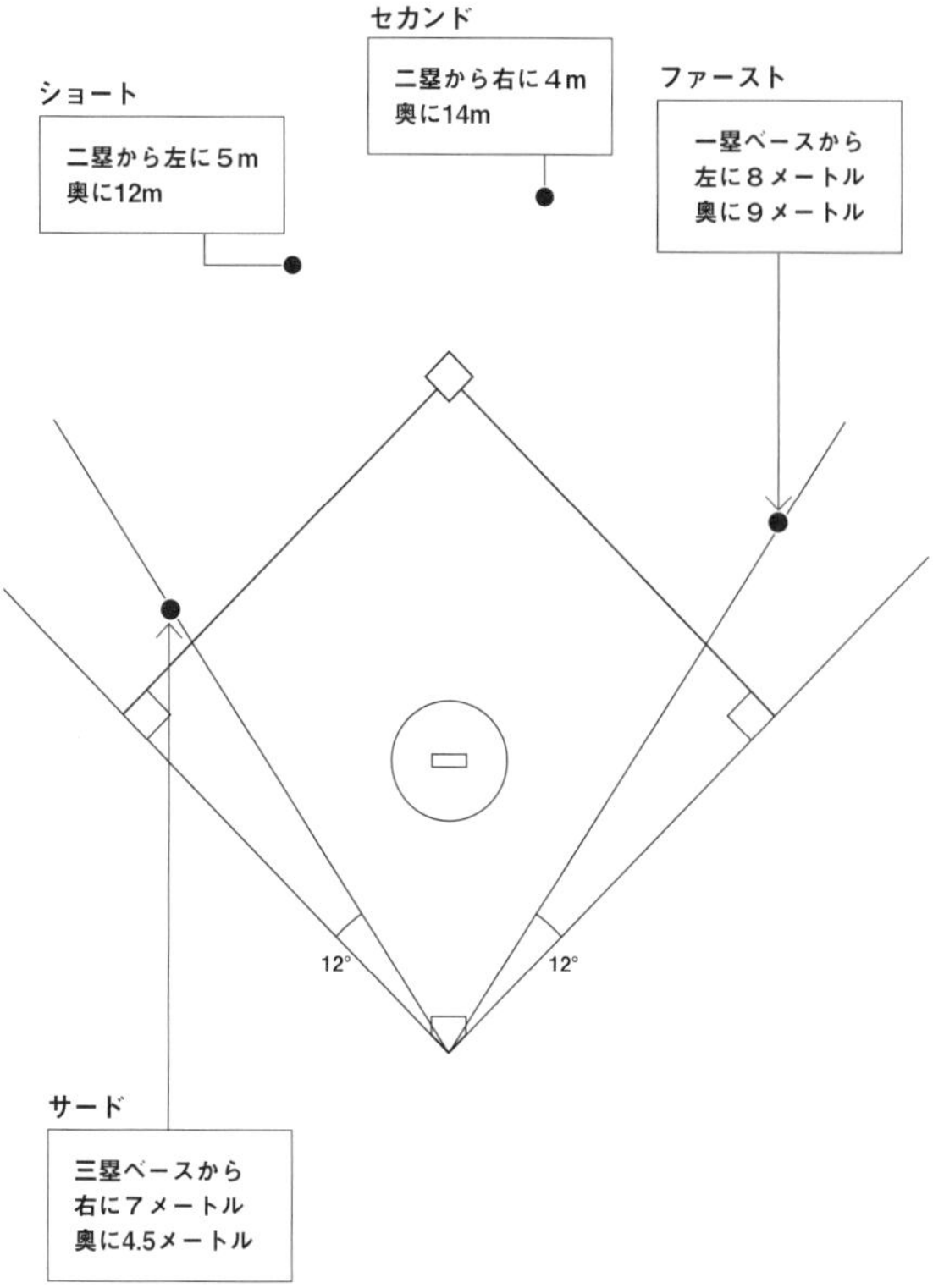

図２　一塁線、三塁線をあけた守備位置。
セカンド、ショートの位置も一般的な定位置からずれている

北照のＪＫ９

切り換えルーティンを作る

もうひとつ、大会前の準備がプラスに働いたことがある。それは、**切り替えルーティンを作ったことだ**。練習試合でもミスが多く1試合にいくつかエラーが出るのは想定内。ならば、その準備をしておこうという意図だった。**エラーをした選手は、自分で自分の顔を殴る動作をする。周りからは滑稽に映るため、自然と笑いが起こる。それを見て笑顔になることでミスが起きたことによるマイナスの雰囲気を消すのが狙いだった。**最初は照れてやらない選手もいたが、徐々に浸透。エラーが出ても引きずらず、ミスの連鎖が起こることを防いだ。大河部長は言う。

「ああいうひとつの動作が精神面に影響しますよね。小樽双葉戦では國方も伊藤もやってました。実際、ゼロに抑えましたからね」

力がないことを認め、受け入れ、何ができるかを考える。大会に入ってからでは遅い。本番で**起こり得ることを予想し、あらかじめ手を打っておく。**指導者のＪＫも2連覇の要因だった。

北照のＪＫ10

慣れるまでは指導者が言い続ける

誰でもできる簡単なことでも、やり続けると何かが変わる。丁寧なバット置きも、遠回りして守備位置に就くのも、見てくれる人が出てきたのだ。やり始めてすぐに甲子園に出場できたことも大きかった。上林監督は言う。

「甲子園を見て、（少年野球をやっている）小学生がマネしてバットを置くようになったんですよ。もしかしたら、物を大切にするというのは、中学や高校も含めてみんな求めてることかもしれないですよね。遠回りして守備位置に就くのを気づく人は、やっぱり玄人ですよね。気づいて電話をくれた人はほぼ昔野球をやっていた人。『グラウンドを汚さないところが好きだ』と言ってくれる。普通の人は見てないところじゃないですか。野球が好きな人は『おっ』ってなる。それって大きいですよね。スタンドの真ん中に座ってる人はどっちが勝ってもいいわけじゃないですか。どっちを応援しようかとなってるところに、『北照いいね。応援しようかな』となる。中には泣いてる人もいました。『野球以外の部分が好きだ。あんなことしてる高校生を見て涙が出た』って。そういうのが大きいんじゃないかなと思います」

夏の南北海道大会決勝の相手の札幌国際情報は公立校だが、意外にもかつてのような〝アウェイ感〟はなかったという。応援してくれる人が増えたのも、駒大苫小牧戦のありえないイレギュラーも、国際情報戦でちょっと跳ねたのも、野球の神様が応援してくれたのかもしれない。**何もしていなければただの運だが、運を引き寄せる行動をしているから、偶然ではないと思うことができる。**

「**カバンや靴をそろえる。ここが一番の原点**のような気がしますよね。そろえ方もあるじゃないですか。つま先をそろえるのか、かかとをそろえるのか。横から見てどうなのか。日常でも一番簡単なところですよね。簡単なことだからこそ、他に広がる。やればできるじゃないですか。結果が出てくるとその重要性もわかりますよね。『やるか、やらされるか』だったら、『やる』となる。勝てば勝つほど自分たちでやるようになるし、よくなっていきます。**結局、野球のことよりもＪＫのことをやっているほうが勝ちにつながるなと思いました。**だから、徹底的にやりましたね」

選手たちの姿は、親にも影響を与えた。マナーのよいチームは見ていて気持ちがいいことに気づいたのだ。大河部長は言う。

「見られ方がガラッと変わりましたね。**選手が変わったら、父母会も変わったんです**。球場のごみ拾いを父母会が計画するようになったんですよ。それはプラスの効果ですよね。自分たち以外も変わったというのは」

子供たちがやっていることが、親にも影響を与える。これこそが、高校野球。**チームの一体感というのは選手だけではない。親も含めての一体感なのだ**。

やっていることは、野球の勝敗に直結しない細かいことばかり。誰でも初めは面倒くさい。忘れる選手も出る。だが、**慣れるまで指導者が言い続けることが大事。選手たちがやらないと気持ち悪いと思うぐらいになれば、確実にチームは変わる**。上林監督は言う。

「練習中、一塁ベンチ前で集合をかけても、サードやショートは（フェアグラウンドを通らず）回ってきます。やらないと気持ち悪いんやろうなって思います。こっちも気になってしょうがない。ピッチャーがマウンドに行くのも、いい方法ないかっていつも思っちゃうんですよ（笑）」

監督も選手もここまで来れば本物。あとは慣れによるマンネリ、「もう、できている。大丈夫」という安心感が出ることに気をつけるだけだ。

「今でも崩れるときがあるので定期的にチェックしています。バスに乗るときのあいさつが雑やったらやり直しとか。バットもちょっと浮いてたな、丁寧に置けとか」

高校生はすぐに気が緩む。それを踏まえて、指導者が気を抜かないことが大事だ。大河部長も言う。

「1回目に甲子園に行ったときの練習では、バットはメーカー名が見えるように、メーカーごとに並べてきれいにしてたんです。それが、2回目の甲子園では色のそろえ方が雑だったり、向きが逆だったりしたんですよね。僕自身も細かいことに気が向くようになりました」

簡単なことをチームで徹底すれば、一体感が生まれる。
慣れるまでは指導者が言い続けることも大事だ

北照のトイレには、なぜＪＫが大事なのかを説明した紙が貼られている。もちろん、選手たちに常日頃からＪＫを意識してもらいたいからだが、ここではそこに書かれていることよりも、伊藤の言葉を紹介したい。

「弱くても勝てるというのを高校野球で実感しました。力がなくても勝てると、高校野球で教えてもらった。やりようによっては、誰にでもどうにでもなるんですよね。僕たちは練習試合も負けや引き分けがほとんどだったんですけど、大会になって練習試合で勝てなかった相手にも勝てた。１００回に1回を大会に持ってこれたんです。実力だけじゃない。**普段の生活から小さなことを大事にやっていけば、弱くても勝てるというのを学びました**」

最弱世代といわれ、甲子園は無理だといわれた年のキャプテンだからこそ言える、説得力のある言葉だ。ＪＫを徹底したからといって必ず勝てるわけではないが、**ＪＫを徹底できなければ奇跡は絶対に起こらない**。その確率だけは１００パーセントだ。

大事なのは素直な心。**「こんなことをやって意味があるのかな」と思うのではなく、ＴＹ＝とりあえずやってみる、続けてやってみる、徹底してやってみる。やらなければ、何もわからない**

し、変わらない。前の年、チームを変えたキャプテンの三浦も言葉に力を込める。

「ＪＫやＴＹをやって成功した身として言えるのは、**勝ちたいのであれば徹底力が必要ということ。やると決めたことを貫いたチームが強くなるんだということ。**それは確信してますね。やる、やらないはその人次第ですけど、やって損することはひとつもないと思います。言えるのは、やらされてるだけじゃ何も起きないということ。**自分で『これが大事なんだ』と思ったときに、本当にやった効果が発揮されるんだと思います**」

ＪＫの大切さを実感した三浦は、高校卒業後も四球での出塁時にバットを両手で置くことや指さしによる触塁確認などを継続している。

「僕にとっては、**野球の技術以外にも大切なものがある**んだと気づかせてもらうきっかけがＪＫでした。今も基盤にあるのは野球以外のこと。それを高校生のときに学ぶことができたので、どんなに歳をとろうと、技術がうまくなろうと、そこは大切にしていきたいと思っています。こうやって、**一人でも多くの選手がＪＫを意識し、技術以外の大切さに気づいてくれれば、もっと野球の価値や魅力が上がっていく**と思います」

これまで多くの高校生を見てきたが、三浦のような選手は稀。ほとんどが高校卒業とともにＪＫをやらなくなってしまう。やらされている段階から自分で気づいてやる段階になるには、自分でやる意義を見出すしかない。**意味は人から与えられるもの。意義は自分で見つけるもの。**正解、不正解ではなく、**「なぜやるのか」という理由を自分なりに見つけることができたとき、人は変わることができる。そのための方法はたったひとつ、とにかくやり続けること。成功体験を得ることだ。**

高校生に徹底させるのは簡単なことではない。だからこそ、**指導者のもっとも重要な仕事は徹底とチェック**になる。新しい伝統が本物の伝統に定着するまで、**妥協せずにどれだけ言い続けられるか、やり続けられるか、粘り続けられるか。**これにかかっている。上林監督は言う。

「やり続けると思います。結局、『どこに戻るんや?』といったら、あの春なんですよね。あのとき、何が起こったか。どういう状況になったか。あいさつを変えたことがすべてなんです。ただあいさつを変えただけで『北照、どうした?』とおじさんたちがざわついた。あれは一生忘れないでしょうね」

そう話す言葉には実感がこもっていた。**たったひとことで未来は大きく動き出す。JKで人生は変わるのだ。**

北照のＪＫ効果

●弱くても勝てる
●技術以外の大切なことに気づける
●人生が変わる

北照監督

上林弘樹

かんばやし・ひろき

1979年生まれ。大阪府高槻市出身。北照高－北海道東海大。選手時代は捕手として活躍。北照のコーチを経て2005年に部長就任。16年8月から4か月の野球部活動停止から部の再建を託され17年1月より監督。18年、19年夏の甲子園に出場。

第2章

星稜のＪＫ

ＪＫ不足が大事な場面で出る

もっと勝てる能力があるのに、取りこぼす。自滅する。もったいない試合ばかり。それが、星稜だった。甲子園常連の名門校でありながら、超強豪という感じがしない。それが、筆者だけのイメージでないのは次のコメントを見れば明らかだ。

「今までの星稜だったら、智弁和歌山に負けて終わり。甲子園での死闘は必ず敗者になった。あの試合に勝てたことは、今までの星稜の歴史を変えてくれたと思います。でも、ここで優勝できないのが星稜。母校のそういうところも大好きです」

２０１９年夏の甲子園の決勝で敗れたあと、ＯＢの松井秀喜（元ヤンキース）がマスコミに寄せた言葉だ。エース・奥川恭伸（現ヤクルト）が23奪三振の快投を見せ、福本陽生のサヨナラ３ランで智弁和歌山を破った延長14回の死闘。母校を応援しながらも、松井は「負けるだろう」と思っていたのだ。なぜ、ＯＢがそう思うのか。それは、星稜のＪＫを見ればわかる。

森山恵佑（元日本ハム）がエースだったとき、ブルペンで投球する際に捕手が防具をつけていなかった。夏の大会前の伝統のノックで飛び込み、エースの西川健太郎（元中日）がケガをしたこともあった。甲子園でも、走者一、二塁の二塁ゲッツーのケースの投手ゴロでサードに投げたり、三塁手がフェンスまで余裕があるにもかかわらず、フェンスを気にしてフライを捕れなかったりするプレーがあった。18年のセンバツ前の冬の練習では、マシンを相手に打撃練習をする選手がヘルメットを、ワンバウンドストップをする捕手がマスクをかぶっていなかった……。とにかくJK不足が多いのだ。準備と確認の意識も自己管理の意識も足りないと言わざるをえない。

18年の明治神宮大会では先攻だというのに、試合前のあいさつ時に誰もバッティング手袋をしていなかった。あいさつが終われば、一番打者はすぐ打席だ。近くで投手の球筋を見て、タイミングを合わせなければいけない。その準備が遅れるのは明白だった。

こういった甘さが接戦の大事な場面で出る。18年夏の甲子園2回戦・済美戦。8回表まで7対1と大量リードしながら、8回裏に8失点。9回表に追いつき、13回表には2点勝ち越しながらその裏に逆転サヨナラ満塁本塁打を打たれて敗れた。敗因は気の緩みとJK＝自己管理のミス。4回1失点と好投していた先発の奥川が右足のふくらはぎをつって降板。8失点した8回裏に登板した竹谷理央も投球練習中に両足をつっていた。三番の内山壮真（現ヤクルト）も9回表の打席で足をつり、ヒットで出塁したあとに代走を出されている。

ATK——最悪、最低限、最高を考えているか

18年の神宮大会決勝・札幌大谷戦は、大高正寛が「勝てるだろうという油断が全員にありました。試合の前日の相手の研究を怠ったりして、準備と確認ができていませんでした」と言った通り、心のスキがそのまま出てしまった。

1対0とリードして迎えた7回裏だった。二死二、三塁のピンチで相手打者の打球は二遊間へのゴロ。ショートの内山は打球に追いついていながら、一瞬迷ったためにボールはグラブの下を抜けてセンター前へ。二者が還って逆転を許し、そのまま敗れた。せっかく追いつきながら、なぜ内山は捕れなかったのか。内山はこう言っていた。

「その前にも同じような打球が飛んできていて、そのときは捕ってから回転して一塁に投げたんです。あのときも同じようにやるか迷いました」

打球を追いかけながら前回のファインプレーが頭をよぎり、その一瞬の間が命取りになった。能力が高いからこそ、その選択肢があるといえるが、ここで優先すべきはファインプレーではない。最悪である外野に抜けるヒットだけは防がなければいけない場面だからだ。アウトが取れれ

ば最高だが、最低でも止めて内野安打にすれば、同点は許しても逆転は避けられる。

打球が飛んでくる前、審判の「プレイ」の声がかかる以前に、最「悪」、最「低限」、最「高」のＡＴＫを考える必要があった。この場面について、控え投手の寺沢孝多はこうふりかえる。

「ベンチにいた自分も確認ができていませんでした。ピッチャーに声をかけていて、野手への声がありませんでした。二塁ランナーを警戒するように事前の声をかけていれば、二塁ランナーが余裕で還って来れなかったと思います。ベンチでの仕事もできていませんでした」

19年のセンバツで習志野に敗れたのも同じミスだった。1対1で迎えた7回表。二死二塁で相手打者の打球は三塁線へのゴロ。決して強い当たりではなく、アウトにはできなくても止められる打球だったが、サードの知田爽汰は打球に触ることができずレフト線へ。二塁走者が還って勝ち越しを許した。このときの守備を知田はこうふりかえる。

「普通に考えれば正面に入って最低でも止めるのが当たり前なんですけど、正直、逆シングルでいくか正面でいくか迷ってしまいました。逆シングルでいったときには手遅れでした」

これもまさにＡＴＫ。**投手が投げる前に場面や状況を考え、最悪だけを避けるＪＫ＝準備と確認ができていれば失点は防げた。**秋に日本一になり損なった経験を春に活かせない。これが、星稜の甘さ。特にＪＫに対する意識の低さが、いい試合をしても敗者になる理由だった。

星稜のJK1

誰でもできることを徹底する

星稜の選手たちが変わったのが、19年の夏だった。

プロ入りした奥川、山瀬慎之助（現巨人）、内山を中心にまとまり、優勝候補に挙げられながら初戦は旭川大高に1対0の辛勝。これで火がついた。3安打完封勝利を挙げた奥川以外、やるべきことができていない。まずは、**誰でもできることを徹底することにした。**やると決めたのは、**四死球での出塁時にバットを丁寧に置くこと。**そして、**守備位置に就いたら地面を手でならすこと。フェアグラウンドの土を通らずに守備位置まで行くのは以前からやっていたため、よりグラウンドを丁寧に扱い、イレギュラーを防止しようと考えたのだ。**

だが、甲子園まで来て勝利に直結しないことを徹底するのは容易なことではない。2回戦の立命館宇治戦。フォアボールで出塁した際、岡田大響が片手ながらバットを置いたが、その他の選手は最後まできっちり置くことはできなかった。試合も6回表まで5対0とリードしながら、一時は2点差に追い上げられての6対3の勝利。やるべきことの徹底もチーム状態も万全とは言い難い中、転機になったのが3回戦の智弁和歌山戦だった。

なかなか地面を手でならそうとしない選手たちに、やらなければいけない理由が生まれたのだ。智弁和歌山と明徳義塾が対戦した2回戦でこんなことがあった。1対0と明徳義塾リードで迎えた7回表の智弁和歌山の攻撃。一死一、三塁で一番・黒川史陽（現楽天）の当たりはショートへのゴロ。捕れば完全にダブルプレーだったが、打球はショートの米崎薫暉の前で大きく跳ね、グラブをはじいて外野へ転がった。三塁走者が還って同点。続く細川凌平（現日本ハム）がライトスタンドに3ラン本塁打を叩き込んで逆転した。このあとも智弁は2本塁打を放って7点。イレギュラーからあっというまのビッグイニングになった。

打球が跳ねたのを不運と言う人がいるかもしれない。だが、そうではなかった。智弁和歌山のショート・西川晋太郎が手で地面をならしていたのに対し、明徳の1年生・米崎はならしていなかったからだ。**JKをした結果のイレギュラーと何もしなかった結果のイレギュラーでは意味が異なる。**西川と米崎の意識の差が出た結果だった。

次の対戦相手としてこの試合を観た星稜ナインは意識を変えざるをえなかった。やるべきことをやったチームとやらなかったチームの差を見せつけられたのだ。対戦相手がやる以上、負けるわけにはいかない。智弁和歌山戦から、星稜の選手たちも手でならし始めた。**意識が変わり、スイッチが入るとやるべきことに気が向くようになる。**

1回裏、三番の知田がフォアボールを選ぶと、いったん投げかけたバットを止め、置いてから一塁へ。2回裏一死二、三塁でデッドボールを受けた山瀬は丁寧にバットを置いて一塁へ向かった。11回裏は先頭打者の奥川もバットを投げかけて思いとどまった。この試合を延長14回の末に勝つと徐々に意識は浸透。途中でバットの置き方が雑になったり、忘れる選手も出たりしたが、ベンチからそれを指摘する声が出るようになった。完璧ではないながらも、決勝までどちらも継続された。

2019年夏の智弁和歌山戦。星稜の選手の意識が変わった。
四球を選んだあと、バットを投げずに丁寧に置くという決めごとへの徹底も浸透し始めた（写真は奥川）

星稜のＪＫ２

地面をならして安心感を得る

バット置きも土を手でならすことも、やったからといって必ずしも勝利にはつながらない。能力がある選手ほど疑問を感じるはずだ。だが、**ＴＹ＝とりあえずやってみたことで、気づくことがあった。**まずは、地面を手でならすことについて。選手たちの感想を紹介する。

「智弁和歌山の西川がひざをつきながら丁寧にやってたので、自分もやろうと思いました。イレギュラーをなくすというのは誰でもわかることなんですけど、**ならしてるとグラウンドがやわらかくなってるなとかわかるんです。**５回に整備が入るんですけど、後半はすごい荒れてるなというのは手でならしたことですごく感じました。自分が想像してる以上にボコボコというか、走路が乱れてると感じたので、**ゴロが来たときには、（腰を）より低く、浮かさないように意識するようになりました。**それもあって甲子園ではエラーもなかったと思います。**心が落ち着くし、整**

理することもできる。県大会ではできてなかったのでよかったと思いました」（ショート・内山）

「今までは手でならすとか想像もつきませんでした。サードはでこぼこが結構大きくて（やる範囲が）広いので足でならしてたんですけど、**足でならしてもスパイクの跡がついて意味ないなと感じて、手でやろうと思いました**」（サード・知田）

「それまでは守備のときもバッティングのことばっかり考えてたんですけど、**手でならすようになって心も落ち着くし、守備に集中できるようになりました**」（ファースト・大高）

足を手に変えることで目線が下がり、気づかなかったデコボコに気づくことができる。丁寧にならすことで安心感が生まれ、心が落ち着く。そんな選手たちを見て、心が変わるのはベンチの林和成監督も同じだった。

「一、二塁間のリードするところとか、左バッターの前が右バッターだったときの反対側の打席とか、ベンチでも結構気になるところがあるんですよね。ランナーが三塁にいてならさないときに『お前、ちょっとならしとけよ』とか一回一回指示しなければいけないチームだと、そこに気を取られて他のことに気が回らなかったりするんですよ。パッと見て、みんながならしていると、試合運びやピッチャーの代えどきを考えられる。選手のメンタルの部分も当然ありますけど、私自身も落ち着いて試合に集中できるというのはありますね」

星稜のＪＫ３

バットを置いて自己肯定感、一体感を高める

次に、バットを置くことについて。北照のように両手ではないが、星稜では一番にやり始めたのが岡田大響だった。

「（スキを生む）ピンチの原因をなくしていったら、勝ちにつながっていくと思ってやろうと決めました。ちゃんと置けると『よし』ってなります。変な自信が出るんですよ。オレはやったぞって（笑）。自分でやるって決めたことに対して、しっかりできたという自信ですね」

自分でやると決めたことをやれれば、ＪＫ＝自己肯定感が高まるのだ。ところが、〝天然〟で愛されキャラの岡田。中京学院大中京戦ではうっかり忘れてしまった。

「あのときは、ヤベーみたいな感じでした（笑）。ベンチからも『あー、投げた』って言われました。気が抜けてた？　合ってます。その通りです。メンタルが出ますね」

一塁ベースに到達し、ベンチを見ると他の選手たちから指摘された。仲間の声で忘れたことに気づいた岡田は一塁ベース上で頭をかかえる。ベンチに笑いが起きた。

背番号4ながらこの大会はベンチにいることが多かった山本伊織は言う。

「やってなかった人がやるようになったりするとベンチも盛り上がってました。内山が丁寧に置いたりすると、選手も林先生も盛り上がりましたね。岡田が忘れたときも盛り上がりました。岡田も『しまった』みたいな感じでこっちを見てるみたいな」

やればやったで盛り上がる。忘れれば忘れたで盛り上がる。それが星稜にとってのバット置き。やった効果は大きかった。林和成監督も賛同する。

「バットを置くのは、ベンチからもみんな注視するようになりましたね。ちゃんと置くか。私も選手も、まずはそこに目を向ける。できなかったら、『おい』っていうような声が出たりとか、**プレー以外の中での徹底をひとつ増やしたことによって、それだったらプレーももっと徹底できるよねというところにも波及できました。ひとつのことにスポットライトを当てるというか、みんなの意識を向けることで一体感のようなものも生まれた気がします。**当然、道具を大事にするというのはありますけど、それ以上のものがありましたね」

星稜のＪＫ４

打つ準備をして試合前のあいさつに向かう

面倒くさくて避けていた小さなことをやるようになれば、当然、大きなことには目がいくようになる。選手たちの意識も少しずつ変わってきた。

トップバッターとして全試合で安打を記録。打率3割7分5厘をマークしてチームを引っ張ったのが東海林航介だ。俊足好打でプロも狙える素材だが、準備の意識は低かった。この章の冒頭で紹介した試合前あいさつ時にバッティング手袋をしていなかったうちの一人も東海林だ。

「2年生のときに手袋をしてあいさつに行こうとしたら、先輩に『並ぶときは外さないと』と言われたんです。センバツのときはつけて行ったんですけど、誰かわかんないですけど『外せ』という声が聞こえて。みんな外してるのかなと」

あいさつ時にバッティング手袋をしてはいけないというルールはない。準備の意識の高いチー

ムであれば、初回に打順が回ってくるかわからない四番や五番まで準備を整えている。ヘルメットをかぶり、手袋どころか、エルボーガードやフットガードまでつけている。3年生の夏になり、ようやく東海林も準備をしてあいさつに向かうようになった。

「あいさつをしてから手袋をつけているとピッチャーを見る時間も減りますし、バットを振る時間も少なくなる。準備不足につながるので、最初からつけて行ったほうが打てる確率も高くなる。徹底してやるべきだったなと思います」

3年夏の甲子園は6試合中4試合が先攻だったが、あいさつ直後の第1打席の成績は三振（旭川大高戦）、フォアボール（立命館宇治戦）、ライト前ヒット（仙台育英戦）、センター前ヒット（中京学院大中京戦）と4打席3出塁。早めの準備が好結果につながった。

星稜のＪＫ５

イニング間のキャッチボールはライナーで投げる

ＪＫの大切さがわかれば、意識も行動も変わってくる。東海林は、センターを守る守備でもどうＪＫをするかを考えるようになった。**大事にしたのは、イニング間のキャッチボール。以前は山なりの球を投げることも多かったが、ライナーで強い球を投げるようにした。**

「常にふんわり投げていると、いざ試合でボールが来たときにピンポイントで投げられるかといわれたらわからない。ちゃんと投げているほうが正確で速い球が投げられるので、練習やキャッチボールのときから常に強い球を投げることが大事だと思いました」

内野手と違い、外野手は試合中にまったく打球が飛んでこないこともある。打球が来ても走者がいなければフライなら捕るだけ。強い送球をする機会は少ない。そんな状態のまま９回を迎え、同点で一死三塁のサヨナラのピンチに初めて送球の機会が来ることもある。そこで正確にバックホームができるように、常に準備をしておくことが必要だ。

プロでもっともそれを意識しているのがイチロー（元マリナーズ）。イニング間のキャッチボールは必ずライナーで強い球を投げる。山なりの球を投げるのは、終わりの合図の意味の最後の1球だけだ。

高校野球では試合中にも送球練習をしているチームがある。これを始めたのは常総学院。**無死、一死走者なしでの外野フライの場合、捕球した外野手は二塁ベース上にいるセカンドかショートにノーバウンドで送球する。**いざというときのための送球練習になるとともに、肩の強さを見せる機会にもなる。ほとんどのチームは近くにいる内野手に緩い球を返すだけ。これでは何の準備にもならない。ちなみに、常総学院から学んだという木更津総合や準備の意識の高い北照、帯広農、弘前学院聖愛なども同様のことを行っている。

キャッチボールの意識が変わったことで、東海林は毎日のキャッチボールも**ＪＫ＝自分で工夫**するようになった。

「相手が投げる瞬間をバッターのインパクトの瞬間と置き換えて、投げた瞬間に守備の一歩目と同じ感覚で合わせて、守備のように動くことをやってました」

うまい外野手は試合中、全球に反応する。バックネットへのファウルでも一歩目のスタートを切っている。常に一歩目を意識しているから反応が早くなり、守備範囲も広くなるのだ。**毎日のキャッチボールから一歩目を意識する**ことは確実に守備力向上につながった。

星稜のＪＫ6

フェンスまでの距離を測る

キャッチボールの工夫に加え、東海林がやって功を奏したと感じるＪＫがある。それが、**フェンスまでの距離を測る**ことだ。守備に就くとき、後ろのフェンスまでの距離を確認する。

「歩数までは測らなかったですけど、一回、近くまで行ってなんとなくの（距離の）イメージはつかみました。フェンスの高さと硬さも確認しました。夏の甲子園ではフェンス際の打球が二回あったんですけど、不安なく捕れました」

一度目は3回戦・智弁和歌山戦の7回表。先頭打者・根来塁の打球はセンターバックスクリーン手前のフェンス際へ。左中間寄りの守備位置から背走し、最後は軽くジャンプ。フェンスにぶつかりながら捕球した。二度目は決勝・履正社戦の7回表。無死一塁から一番・桃谷惟吹が放った大飛球をフェンス手前で難なくキャッチした。

星稜のＪＫ７

事前の声でポジショニングを確認する

東海林が守備で意識したＪＫは他にもある。それは、ポジショニングの確認だ。

「**事前の声のＪＫ**は外野手の中でよくやってました。３人のルールとして（レフトとセンターの間、ライトとセンターの間で２人が追いかける打球の場合）きわどいところはセンターが行くと決めてました。星稜は奥川の球が速いので（打者が振り遅れるため）、外野はライン寄りに守るんですけど、そのときに３人（の間隔）が均等になるバランスで守ってました。それ以外にも監督からの指示が来たときには自分なりの考えで守備位置を寄らせることがあったので、事前の声は大切にしてました。あと、レフトとライトに風を見るように言ってましたね」

ＪＫを意識するようになったことで、守備の意識も高まり、好プレーにつながった。

星稜のＪＫ８

走塁のＪＫ――自信と根拠を持つ

もうひとつ、19年夏の甲子園の成功例として東海林がまっ先に挙げたＪＫがある。

「**走塁のＪＫ＝自信と根拠**ですね」

それが表れたのは準決勝の中京学院大中京戦だった。初回にセンター前ヒットで出塁した東海林は二番・今井秀輔の3球目に盗塁成功。プロ入りした相手捕手・藤田健斗（現阪神）も送球できない。完全にモーションを盗んでいた。

「相手ピッチャーのクセがわかっていたので行けました。ビデオを見て、タイミングを計る練習もしていた。いいスタートだったと思います」

相手エースの左腕・不後祐将のクセを事前に把握していた。セットポジションからの始動時にグラブが上に上がればけん制、下がれば本塁への投球。ホテルの地下にある駐車場で控え選手にマネしてもらい、スタートする練習もしていた。その練習を一緒にしていた岡田は言う。

「準備してたのでベンチでも『今のスタートよかったな』という声が上がって盛り上がりました」

もちろん、普通に盗塁を決めても盛り上がるが、準備した成果が出るとそれ以上に盛り上がる。足の速さなどの能力ではなく、**準備や根拠がある成功ということに意味がある**のだ。これでチャンスを広げた星稜はこの回に先制。2回途中で不後をKOし、9対0で圧勝した。

星稜のＪＫ９

ドアを丁寧に閉める

高校最後の大会でＪＫの大切さを実感した東海林。それまでは大事だと思わなかった面倒くさいことをやってみてどう思ったのだろうか。

「ドアを丁寧に閉めるという話を聞いて、ハッと気づきました。ドアを静かに閉めるかは精神状態が表れる。バットを置くのも一緒なんですけど、時間を使うので、そこで落ち着くというか、自分の気持ちを抑えることができる。気持ちの整理をして、塁に立って、サインを見て、どうすればいいかを考えることができるようになりました」

東海林の言う「ドアを丁寧に閉める」というのは脳科学の話。人間の脳は「だいたいできた」と思うとパフォーマンスが落ちる仕組みになっている。そうならないために、**どんなことも最後まできっちりやる習慣をつけることが大事だ**（詳しくは拙著『なぜ「あと１アウト」から逆転されるのか』を参照）。**ドアをバタンと閉める人は、最後までやりきる習慣がないため大事な場面でパフォーマンスが落ちる準備をしてしまっている。**そうならないよう、普段から音をたてず、ドアノブを最後まで持って静かに閉めることが大事になる。

「自分が今後も一番続けていこうと思うのがバット置きです。やっぱり、だらしなく置くことでスキにもつながると思います。私生活でドアを閉めるときもそうですし、小さなスキが大きく広がって大事なときにエラーをしたり、打てなくなることにつながる。小さなことから徹底して続けていきます」

小さなことをバカにせずやれる人は大きな仕事ができる。東海林にとって、それを実感した夏だった。

星稜のＪＫ10

情報を共有する

19年夏の甲子園でチームトップの打率5割6分3厘を記録したのが岡田大響だった。打率だけでなく、四死球、犠打、盗塁もチーム1位。下位打線ながらラッキーボーイとなり、準優勝に貢献した。なぜ、大一番で結果を残せたのか。これには、冬場の意識の変化がある。

「自分にはピンチのときの強さが足りないと思いました。自分の場合、練習でも最後だからと手を抜いたり、やりきれていない部分がありました。こういうところがピンチでの弱さにつながっていると感じたので、つらいときにどれだけ踏ん張れるか、どれだけ手を抜かずにやりきるかを意識するようにしました」

そのおかげか、大観衆で行われる夏の甲子園でもいつも通りのプレーができた。絶好調だったこの大会で、岡田がもっとも効果を実感したＪＫがある。

「**情報共有のＪＫ**です。当たり前のことなんですけど、打席に入る前に前のバッターに球の見え方を聞いたり、守りに就くときも、『自分はここにおるから』と、となりのポジションの人と（ポジショニングを確認する）会話をして、ＪＫを常にやっていました」

その中で、大きな力になったのは**相手投手の情報を共有、交換**すること。事前にビデオで見て、データが頭に入っていても、実際に打席に立つと印象とは異なることがある。**先に体感した選手の生の声を聞いて、より正確な情報にアップグレードし、イメージをして打席に向かう。**くり返しこの作業をすることが重要だ。

「チームでＪＫを意識してからはコミュニケーションが増えました。個人個人でやるんじゃなくて、みんなで内容がある情報共有ができた。今までは自分から聞かないと言われなかったんですけど、聞かなくても情報が回ってくるので、情報が早いというか、把握できて対処できるようになったと思います」

それまでは前の打者から情報を聞く程度だったが、**チーム全体で情報を共有するようにした。**相手の調子や状態を見て、何を狙うかを決める。**選手同士で狙い球を統一するようになった。**その結果が16打数9安打という好結果につながった。

これ以外にもバット置きやイニング間のキャッチボールなど小さなことにこだわるようになって気づいたことがある。

「自分は**ＪＫ＝自己肯定感**が上がりましたね」

以前にはやっていなかった準備を意識するだけで、「オレはこれだけ準備をした」と思える。

自己肯定感が上がるとともに、「やることはやった」という心のお守りにもなる。準備とは、やればやるほど自分に返ってくるものなのだ。

「自分は野球ノートを書いていたんですけど、書いていたときと書いていないときがありました。書いてないときは自分のことがわかってなくて、結果も出なかったことに気づきました。正直、ノートを書くのは面倒くさいと思う日もありました。でも、面倒くさいことを続けることで自分を理解できるようになりましたし、結果も出た。面倒くさいことを続けるのは大事だなと思いました。小さなことをコツコツやることの大切さを知ることができました」

面倒くさいことを、いかにＪＫ＝地道にコツコツやり続けることができるか。やり続けるようになったことで、岡田は最後の夏に最高の結果を出した。

星稜のＪＫ11

自己管理をする

名門・星稜で1年生の夏から三番・ショート。2年生だった19年夏は四番として2本塁打を記録し、準優勝に貢献したのが内山壮真だ。この章の始めで紹介したように、1年生の夏は2回戦の済美戦で足をつって交代。その後にチームは逆転負けという悔しさを味わっている。

ＪＫ＝自己管理の大切さを実感した2年生の夏は、同じ失敗をくり返さないよう**ＪＫ＝次回に改善**するための準備をした。

「**試合のときは、のどが渇いていなくてもまず飲むこと**を一番にやりました。あと、1年生のときは先輩と夜遅くまで2人で素振りをしていて、12時を回るなど遅くなりすぎていた。**必ず寝る時間と起きる時間を同じにして、生活リズムを意識するようになりました**」

甲子園期間中は高野連が指定した球場や学校のグラウンドでの練習となる。日によって時間はばらばらだが、練習が午前の日でも午後の日でも、同じように生活することを心がけた。**夜は10時半に寝て、朝は6時に起きて散歩に行く。**これを**TY=続けてやる**ことで、2年の夏は決勝まで6試合の長丁場で体調を崩すことはなかった。

星稜のJK12

自分で考え工夫する

1年秋の神宮大会で悔いを残した守備でも、内山はJKを心がけた。

「奥川さんが投げているときに一番嫌なのは内野安打。**速いまっすぐをしっかり振りに来てるバッターは、あまり詰まった打球はないので下がりめ（の守備位置）で、強い打球に対応することを考えました。反対に、まっすぐに遅れているバッターのときは浅めに守りました**」

奥川が得意とする変化球はスライダー。ひっかけて三遊間に来る打球を内野安打にしない準備と確認もしていた。

「三遊間のゴロはJKをしていました。（サードの）知田とどっちが捕りにいくか、**自分の守備位置を常に伝えながら確認**していましたね」

6試合で許した内野安打は1本だけで三遊間のゴロはゼロ。その1本は記録こそショート内野安打だが、ワンバウンドで投手を越えた打球が飛んだのは二塁ベースよりも右側。本来ならセカンドが処理する打球だった。

神宮大会で敗因となった、**事前にＡＴＫを考える準備**も意識した。

「場面ごとにしっかり考えるようになりました。（サードの）知田にも、（セカンドが山本）伊織さんのときも、（福本）陽生さんのときも、ポジショニングで『こっちに寄るから、こっちのボールは頼む』と言っていました。ランナー二塁のときは、『三遊間は止めるから、オーバーランを狙ってサードに投げるときもあるぞ』と言っていました」

目に見える結果が甲子園で出ることはなかったが、捕手となったその秋の石川県大会でこんなことがあった。満塁で内野ゴロだったが、本塁への送球がそれてホームゲッツーは取れないタイミングになった。一塁送球をあきらめた内山は、すかさず切り替えて三塁に送球。オーバーランしていた三塁走者をアウトにした。

「あのときは知田がちゃんと（三塁ベース上で）待っていてくれた。ショートのときの声かけがあったからこそのプレーだなと思いました」

いくら三塁走者がオーバーランしていても、サードが一塁送球と決めつけ、ベース上にいなければ送球できない。「内山だから投げてくると考えて、常に準備してました」と知田。お互いの準備があっての併殺完成だった。

プロ入りを目指し、富山県から星稜中に入学した内山。打撃を磨きたい一心で、中学卒業時には強打の日大三入学を考えたこともある。上のレベルを目指すためには、**JK＝自分で考え、自分で工夫すること**が求められる。2年生の秋から捕手に転向した内山はこんな工夫をしていた。

「試合のときは（ワンバウンド投球の）ボディストップのために絶対地面をならすんですけど、**練習のときはあえてならさずにやるようにしました。横にバラバラに跳ねるんで、必ず正面に入る必要があるので**」

中学時代は捕手だったとはいえ、高校で本格的に捕手に取り組んだ期間は短い。経験不足を工夫で補った。内山は1年から守ったショートとしてではなく、捕手としてプロ入りした。

星稜のＪＫ13

相手の立場に立って行動する

ＪＫの意識が希薄だった星稜にあって、ＪＫの意識が高い選手がいた。数少ない出番にもかかわらず、二度のスーパープレー。陰で準優勝を支えたのがセカンドの山本伊織だった。

2年生の夏からレギュラー。3年生になった19年も背番号4だったが、夏の石川県大会で10打数2安打と思うような結果は出なかった。甲子園初戦の旭川大高戦こそスタメン出場したが、3打数0安打と自分のスイングができない。体調が万全ではないこともあって、2回戦の立命館宇治戦からは控えに回った。

代わりにセカンドに入ったのは「1年生の春に練習試合でやっただけ。公式戦は初めて」と言う背番号3の福本陽生。打力では福本に劣るとはいえ、「なぜセカンドの経験のない選手を……」という思いを抱いても仕方がない。

だが、山本は自分がやるべきことに集中した。ベンチでは出場している選手に道具や飲み物を届ける係。初めての役割だったが、自分でできることを探した。

「選手によって、どの種類の飲み物を好んでいるかを覚えました。（猛暑の甲子園で）足がつりやすいというのもあったので、塩分が摂れるものも用意しました。それと、スタメンを外れてからは自分のタオルを多めに持っていきました。いつもは2枚しか持っていかないんですけど、4枚持っていくようにしました。特に荻原（吟哉）は自分のタオルを持って来ない。ピッチャーで投げているときもタオルがないので、自分のタオルを貸してあげました」

直前まで試合に出る立場だったため、出ている選手の気持ちがわかる。**相手の立場に立って行動する**ようにした。

「自分が出ているときに飲み物が遅かったり、道具が来なかったりしたことがありました。ネクストで早く準備できたほうが（相手投手の）球も見ることができる。出ている選手の気持ちになって、守っている間から攻撃の準備を終わらせておいて、なるべく早く試合に集中できるようにというのを意識してやるようにしました」

人のために多めにタオルを持っていく高校生はなかなかいない。山本には、**ＪＫ＝自分で考え、自分で気づく力**があった。

星稜のＪＫ14

練習でできていることだけを試合でやる

サポートに徹するばかりではない。控えに回った山本は自分の出番にも備えていた。

「出るとしたら終盤の守備というのは思っていたので、スタメンでなくても、後半出るつもりでいました」

控えに回ってからは、試合前の練習を変更した。

「バッティングに自信がなかったので、スタメンのときは試合前も素振りをしたり、バッティングの確認をしていたんですけど、それをやめて守備練習をずっとやりました。ハンドリングの練習などの準備をして臨みました」

2年夏から6試合目となる甲子園で、初めてスタメンを外れた立命館宇治戦。出番は8回裏にやってきた。打球が飛んできたのは6対3とリードした9回裏一死一塁の場面。途中出場の一番・左打者の宮下力のときだった。マウンドには、この回から登板した左腕の寺沢孝多。前年夏の済美戦で逆転サヨナラ満塁本塁打を打たれた投手だ。カウント1－2と追い込んだ5球目。外角を狙ったスライダーが甘く入った。快音を残した打球は一、二塁間を襲う。完全に抜けたと思ったそのとき、山本が左手を伸ばし、ひざからスライディングして捕球した。さらにこのあと、素早く左に反転して二塁送球。一塁走者をアウトにして相手が反撃ムードになるのを食い止めた。

「甲子園は負けているチームを応援するという話を聞いていたんですけど、寺沢が出てきてストレートのフォアボールを出したときに『これがその状況だな』と感じました。アルプススタンドの応援に合わせて、バックネット裏でもうちわを叩く音が聞こえてきたので。左バッターでしたけど、変化球に対して自分のポイントまで引きつけてしっかりスイングするバッターではなくて、当てるだけ。そんなに長打が出るタイプではないので、変化球の場合はゴロが来やすいと思っていました。（ゲッツー態勢のため）少し二塁ベース寄りに守っていたんですけど、**外のスライダーが少し内に入ってしまったので、その時点で左側に動きました。**うまく対応できたと思います」

　抜けていれば、一、三塁のピンチになったかもしれない打球。捕球しただけでも大きいが、もっと大きかったのが二塁に投げたこと。マウンドには前年に劇的なサヨナラ本塁打を打たれた寺沢。甲子園には反撃を期待する声援が上がり、1点でも取られればさらに雰囲気が変わる状況だったたけに、得点圏に走者を進ませなかったプレーは価値があった。

「自分の中では、あくまでも二つを狙う考えだったので。（ダイビングではなく）足から行くかたちにしたのも、二塁に投げやすい体勢にするためです」

8回裏から試合に出場し、初めて飛んできた打球でのビッグプレー。それができた裏には、JKがある。

「ノックでもゲッツーの練習で一、二塁間のかなり厳しい打球を打たれることがありました。**練習を重ねるうちに投げやすいかたちで捕ることを覚えてきた**。足から行って回転して投げるというのは練習の中では何回もやっていて、自分でも自信があったんです。『いけるかな？』という気持ちではなく、**自信と根拠のＪＫがあったから二塁に放れた**。練習でのかたちが試合で出せたと思います」

山本は準々決勝の仙台育英戦でも8回表の代走から出場。9回裏にセンター前に抜けそうなライナーをダイビングキャッチしている。こちらも好プレーとしてテレビに取り上げられたが、本人は「右バッターの詰まった打球で、タイミングを合わせて飛んだというだけです」。ただ、これもこの試合で初めて飛んできた打球に対するプレー。常に準備ができていたからこそのファインプレーだった。

「甲子園で納得いくプレーが2回戦でできた。あれが自信になって、うまく乗っていけたという感じで、仙台育英戦もファーストプレーから攻めることができたというのはあったと思います。出られなくて悔しい気持ちもあったんですけど、守備でチームに貢献できた、役に立てたと思えたので充実感というか、任される喜びを感じました。最後は自分の気持ちがすごくいい状態で戦えました」

星稜のＪＫ15

きつい場面で自分に勝つと決める

レギュラーから外れるという不本意な状況ながら、キレずに自分のやるべきことに徹した山本。これができたのは、冬に取り組んだことと無関係ではない。

「エルゴメーターで練習をするんですけど、最後の一本、一番きついところでベストタイムを出すと決めてました。エルゴメーターの練習期間は毎日達成できました。**きついときにどれだけ頑張ることができるか。自分なりの、明日成長するための工夫です**」

毎日、もっともきつい場面でＪＫ＝自分に勝つことを続けてきた山本。それが、最後の夏、自分自身が苦しい状況で活きることになった。

「今思うと、普段の練習でも自主練でも、もっとひと工夫入れた練習ができたんじゃないかと思います。やっぱり、ただ同じことをやってるだけじゃうまくなれないなと3年間をふりかえってみて思います。練習したという自信はあるんですけど、そこで工夫したかと言われたら、できていない部分も多かった。量だけじゃなくて質もないとうまく伸びないなと感じます」

このように自分で気づけるからこそ、〝置かれた場所で咲く〟ことができる。目立たないが、絶対に必要な存在。それが山本だった。

星稜のＪＫ16

十分な水分補給を行う

18年夏は済美にまさかの大逆転負け。秋の明治神宮大会は甲子園未出場の新鋭・札幌大谷に決勝で敗れ、19年春のセンバツでも夏に優勝する履正社に完勝しながら習志野に敗退。奥川―山瀬の強力バッテリーを擁しながら、勝ちきれない。勝負の夏を迎え、選手たちだけでなく、林監督もＪＫを意識するようになった。

まず見直したのは**自己管理のＪＫ**。足をつる選手が続出した済美戦の反省があった。

「済美の試合は明らかに試合中の水分摂取量が減っていたんです。持っていく量も少なかったし、忘れたものもあった。長時間の試合になることを考えると絶対量が少なかったんですよね。それで（山下智将）部長にお願いして持っていく量を増やしました。済美戦の3倍ぐらいは持っていきましたね。選手のリクエストに応じて、好きなだけウィダー（ゼリー飲料）やオーエスワン、アクエリアスを飲めるようにしました」

高野連がクーラーボックスに飲料を用意しているが、それでは足りない。自分たちで用意したクーラーボックスに大量に飲料を入れ、その他に選手にも2〜3本ペットボトルを渡して持参した。高野連は紙コップで飲むことを推奨していたが、コップに注いで飲むという作業を面倒くさがる選手もいるため、ペットボトルで飲みやすくした。

「いろんな人に何でつるのか話を聞いたんです。体調や当日の水分量もそうですけど、その試合の緊張感によってつりやすいこともあるそうです。体質が違うのと一緒で緊張感だと」

個人差があるため、全体ではなく一人ひとりを観察することが必要。それもあり、林監督は夜、ホテルの外から選手たちが泊まっている部屋を見て、電気が消えているかを確認していた。気にしていたのは選手の体調だけではない。自分自身の体調も同様だった。

「自分の体調も整えて試合に入っていかないといけないというのは感じました。サプリメントなどの錠剤や栄養ドリンクを用意して飲んだり、ホテルでの生活ルーティンを作りました。体調がよくないとひらめきがないんですよ。頭をクリアにしておきたいというのはありましたね」

星稜のＪＫ17

対戦相手の分析をする

心身ともに準備ができてこそ、よい采配ができる。林監督が自己管理とともにこだわったのが**相手の研究**だった。

「準備というと、私的には**分析**なんですよね。あの夏の甲子園は荒山さん（善宣、コーチ）に加えて山瀬も入ってやりました。一番気を使ったのは仙台育英の試合。智弁和歌山とあれだけの試合をして、次にコロッと、しかも大差で負けるとなると、あの試合の意味がなくなるので。絶対に勝たなきゃいけないなと。1～2時ぐらいまでビデオを見ていたんですけど、ほとんど寝ずに自然と5時ぐらいに目が覚めて、出発の9時までずーっと見てたんですよね。山瀬も出発の10分前まで、『いいから早く用意せえ』というぐらい見てました。毎年しっかり分析しますけど、あの大会は結構見たなと。これだけ見て、これだけ特徴つかめばという安心感がありましたね」

準備とは、自分のためにやるもの。テスト勉強をしていないのと同じように、していなければ不安になる。逆に言えば、**やればやるほど安心感という心のお守りが手に入るのだ。**もっとも気を使ったという仙台育英戦は勘が冴えた。3回戦まで12打数0安打と不振の二番・有松和輝に代えて背番号18の2年生・今井秀輔を起用。すると、今井は2回表に満塁本塁打を放つなど3安打7打点の大活躍。シングルヒットが出ればサイクル安打という大当たりだった。

「今までは配球などを見ていたんですけど、見る目もだんだん肥えていきましたね。傾向と対策じゃないですけど、そういうものがつかめるようになっていった。時間をかけていくことで、今まで見られなかったものも見られるようになったと思います」

監督自身も「これぐらいでいいだろう」というのではなく、**KY＝ここまでやるか**というぐらいやりきったことで自信を持って采配をふることができた。

・・・

結局、**JKとは不安を取り除くこと**なのだ。林監督は言う。

「何かにすがるじゃないですけど、やっぱり、『あれやってなかったから、やっといたほうがいいな』とか。結果に結びつくかわからないけど、まずやってみようと。選手たちも、今年のチームなら全国制覇できるという実感があったんじゃないですかね。そういう気持ちが、小さなことも大事なんだ、運を自分たちに呼び込むんだという行動になったんじゃないかと思います。準備はやって損することはないですから。イレギュラーをしないようにとか、道具を大切にするとかという思い以上に、**小さなことを徹底することによってチームの勝利、全国優勝に少しでも近づける。スキをなくす**という思いがあったと思います」

能力のある選手たちがＪＫを徹底すれば、確実に取りこぼしはなくなる。**人は、意識しなければできないこと、面倒くさいことを徹底すると自制心が鍛えられる。**読んで字のごとく**自分を制する心。感情で行動することが抑えられるのだ。心が安定すれば、発揮するパフォーマンスも安定する。最低限のレベルが上がるため、試合による好不調の波がなくなるのだ。**だから、負けにくいチームになる。それが、この夏の星稜だった。

星稜のＪＫ効果

● 不安がなくなる
● パフォーマンスが安定する
● 取りこぼしがなくなる

プラスα

ＴＹ＝続けてやるために「３つのＴＹ」を実践する

本来ならここで気持ちよくこの章を締めたいところだが、ここで話が完結しないのが星稜らしさ。残念ながら、翌年はＪＫが続かなかった。バットを置くのも、手でならすのも、土の上を通って守備位置に就くのも徹底できなかった。「できた」と思って油断してはいけない。できなくなるのは一瞬。**誰でもできる簡単なことでも、ＴＹ＝続けてやるのは難しい**のだ。**続けてやるためには、習慣化することが必要。**そのためには、

①単純なことをやる
②短期成果主義をやめる
③チーム（Team）でやる

この**「３つのＴＹ」**がポイントになる

ひとつめは、星稜ナインが大会中でも変われたように、**すぐにできる簡単なことをやる**こと。**脳は大きな変化を嫌がる。**足でならしていたのを手でならすなど少しの変化ならできる。一気に変えようとしてもうまくいかないことを理解する。

ふたつめは、**短期間で成果が出るのを期待しない**こと。一攫千金の儲け話と同じで、すぐに成果が出ることはすぐに結果が出なくなる。ＪＫ＝地道にコツコツやり続け、数か月後、習慣化されたときに結果は変わることを理解する。すぐに結果を出そうとする人ほど、①ができず、大きな変化に取り組もうとするものだ。

三つめは、**チーム全体で取り組む**こと。人間は弱い生き物。すぐに「できない理由」を探して、「これぐらいでいいや」、「一回ぐらいやらなくても大丈夫だろう」と考えがち。それを避けるためには、他者からのチェックが必要だ。やらなければ仲間から「何でやらないんだ」、「お前のせいで負ける」と厳しい声が飛んだり、罰ゲームがあったりすれば嫌々でもやるようになる。みんなでやる雰囲気を作ることが重要だ。

TY＝続けてやるためのコツとしては、**ＪＫ＝実行したことを記録する**のが有効になる。チェックシートに「〇印」をつけたり、シールを貼るようにすると〇やシールがないと気持ち悪くなってくる。逆に言えば、〇やシールが並ぶと気持ちよくなってくる。

ＪＫ＝実行が快感になるのだ。快感を味わえば自己肯定感も上がるし、モチベーションもアップする。そうやって、チーム全体でＪＫを徹底できるようになったとき、安定して実力を発揮できる、**ＪＫ＝持続可能**な強固な組織ができあがるのだ。

結果を焦らず、簡単なことをコツコツやる。それができた人だけが、結果的には思っていた以上の成果を手にすることができる。

星稜監督

林和成

はやし・かずなり

1975年生まれ。石川県金沢市出身。星稜高-日本大。選手時代は内野手として活躍。甲子園に夏2回、春1回出場。2年時には1学年上の松井秀喜（元ヤンキース）と三遊間を組む。大学卒業後は星稜のコーチや部長を歴任し2011年から監督に就任。甲子園に夏5回、春2回出場し、19年に準優勝を飾った。

第3章

山瀬慎之助のＪＫ

勝ちきれない要因に気づく

2019年の夏、星稜が変わるにあたり、欠かせない人物がいた。キャプテンの捕手・山瀬慎之助だ。

四死球で出塁する際にバットを置くこと、守備位置に就いたら手で地面をならすことなど、やるべきことは細かいことばかり。星稜のように能力のある選手たちが徹底するのは難しい。なぜなら、そんなことをしなくても能力で試合に勝ててしまうからだ。そういう選手は、負けたときも技術面に敗戦の理由を探す。同じ**JKでも、準備と確認ではなく、実力と経験**のほうばかりに意識がいってしまうのだ。彼らに細かいことを徹底させるには、キャプテンが率先してやること以外にない。山瀬がそれをやっていたからこそ、星稜ナインの意識も徐々に変わっていった。

とはいえ、山瀬自身が初めからJKを大切にしていたかというと、そんなことはなかった。1年生の冬の練習でのこと。捕手としてワンバウンドストップの練習をしているのを見たが、マスクをつけずにやっていた。試合ではマスクをつけて守る。マスクをつけているときとつけていないときとでは、ボールの見え方も変わる。当然のことながら、ボールが跳ねて顔に当たったときにケガを防ぐこともできる。そのときは室内練習場の人工芝の上で練習しており、イレギュラーなバウンドが顔に跳ねてくることは考えにくかったが、ボールを使った練習であれば、試合と同じようにやったほうがいいはずだ。キャッチボールをするときも同じ。山瀬に限らず、マスクやプロテクターをつけずにやっている選手が多いが、試合で送球する場面はマスクをつけているし、プロテクターもつけている。マスクやプロテクターをしているときと、していないときとでは、しているときのほうが邪魔になって投げづらい。練習で防具をつけない習慣がついていると、練習では投げやすい格好で投げ、試合では投げにくい格好で投げることになる。おまけに、試合ではプレッシャーもあるのだ。ミスをする準備をしていると言っても過言ではない。

ここまで説明すると納得する選手は多いが、それでも受け入れない選手もいる。当時の山瀬は後者だった。なぜ、そうしていたのか。山瀬はこうふりかえる。

「そのときの自分からしたら、やりたいことがボディストップだったら、動きだけをよくしたいという思いがありました。キャッチボールだったら、肩を作ることとか、捕球のしかた、スローイングの強さとか目的が何個かあって、それができていればいいと考えてました。正直、『細かすぎる』と思いましたし、素直に受け止めることができていませんでしたね」

山瀬慎之助のJK1

捕手の守備練習は防具をフル装備で行う

山瀬は2年生の春夏ともにレギュラー捕手として甲子園に出場したが、春は準々決勝で三重に同点の9回表に5失点して敗退。夏は2回戦で済美に6点リードしながら8回裏に8失点してひっくり返された。9回表に追いつくも、勝ち越した延長13回の裏に甲子園の歴史で史上初となる逆転サヨナラ満塁本塁打を打たれている。

チームとして力がないわけではないのに、勝ちきれない。四死球やミスでビッグイニングを作り、勝てる試合を落とす。**同じような負け方をくり返したことに加え、自身がキャプテンになったこともあって、今までは軽視していた細かいことに目を向けてみようと考えるようになった。**「キャプテンという立場になって、自分自身が変わったと思います。自分では練習しているつもり、試合にも全力で挑んでいるつもりでも、認められていないのでは意味がない。**全国制覇をす**

るチームは、プレー以外でも全国の模範であるべきだと思います。個人としても、チームとしても『他から認められるレベル』になり、強くなっていきたいと思ったんです。そう考えていったときに、**細かいことが高校野球で勝つために必要**で、自分がいかに適当にやっていたかに気づくことができました。キャプテンだからというのもあって、それを意識してみるといろんなところが見えるようになりました」

見えないもの（心）をそろえるには見えるものからそろえよう、とチームとして**道具をきれいに並べる**ことから始めた。選手としても**捕手の守備練習の際は必ず防具をフル装備で行う**など、できることはひとつずつやるようにしていった。もちろん、チームにはちゃんとやらない人間も出てくる。そういう選手を見るたび、**やるように指摘**するたびに気づかされることがあった。

「キャプテンとして（他の選手に）注意すると、完全に間違ったことを言ってるのに自分を正当化して貫く人がいるんですよね。自分も2年のときは、何を言われても『細かいな。別にケガもしないし』という感じで抵抗というか、自分を貫き通してたんですけど。ガキでしたね（笑）。『そう言う側になると、そういう態度は情けないというか、恥ずかしいなと感じるようになりました。『そんなくだらないことは認めて、早く変わったほうがいいのに』と思いましたね。**相手が本気で言**

っていることに関しては、意味が必ずある。それに対して真剣に考えてくれないと、言うほうも拒絶というか『どうでもいいや』みたいになりますよね。間違いを認めたほうが相手にも伝わりやすいし、周りも（変わったことが）感じやすいというのがわかりました」

山瀬慎之助のＪＫ２

スルーせずに厳しいことを言う

チームをよくするにはキャプテンは嫌われ役にならなければいけない。山瀬はウザいと思われるのを承知で**チームメイトに厳しい言葉をかける**ようにした。

「徹底することは徹底しようというスタイルでいきました。前の年までは個人個人でフリーにという感じだったんですけど、自分は厳しめというか、決めることはしっかり決めて、それを守らなかったらしっかり怒るようにしました。凡打で全力で走らない人とかもいたんですけど、自分も厳しく言っていたので、徹底できるようになったのかなと思います」

気になることがあれば、スルーせずに言う。これをくり返すことで徐々にではあるが、チームの意識が変わっていった。

山瀬慎之助のJK3

何のために何を意識して練習するか確認する

意識の変化は練習の取り組み方にも表れる。

「練習でも『もっと変えることがあるな』と気づくようになりました」

ある日の練習のこと。走者をつけたシート打撃でエンドランの練習をしていた。ところが、打ちやすいボールが来るため打者は気持ちよく打つばかり。転がす意識や低い打球を打とうという意識もなければ、右方向を狙ったり、ベースカバーに入ることでがらあきになるショートの守備位置を狙ったりする意識もなかった。状況こそ設定されているものの、エンドランを成功させるための練習にはなっていなかった。

「それまでの練習は、今までやっていたことをこなすことのくり返しでしかなかったので、いろんなことを変えなきゃいけないと考えるようになりました。シートバッティング、ケースバッティングの前に『このケースはここを徹底しよう』とか、『今日のピッチャーはこいつだから、こういうボールがあるよね』とか**確認してから打席に入る**ようにしました。前までだったら、何アウト何塁とケースを言うだけで打席に入る感じでしたから」

始める前に集合して確認。打順がひと回りしたあとにもう一度集合して、話し合い、確認するように改めた。**同じ練習をやるのでも、「何のために、何を意識して取り組むのか」をＪＫすることで練習の質が変わる。**こなす練習から、身になる練習にするにはどうしたらいいかを考えた。

「ノックでも同じミスを何回もする選手がいました。センバツでミスをして負けたあとも何か月も同じようなところのゴロを全然止められなかったので、そこは全員で言おうと決めました。『それじゃ負けるだろ』、『またお前はオレらを負けさせるのか』とかちょっといきすぎぐらいの強い言葉を言いました。あったミスを具体的に挙げて同じミスをなくしていこうという意識づけ、声かけですね。守備では神宮の負け、センバツの負けが夏につながってると思います」

何としてもチームを変えたいという山瀬の思いだった。

山瀬慎之助のＪＫ４

整列時に打席の準備をして攻撃のスイッチを入れる

迎えた２０１９年夏。山瀬自身の意識の変化、成長が明らかに見えたのが先攻だった甲子園１回戦の旭川大高戦のこと。**試合前のあいさつ**での整列時、八番打者の山瀬がヘルメットをかぶり、エルボーガード、フットガードまでつけていたのだ。

２章で紹介したように一番打者ですら準備をしていなかった星稜からすれば、考えられないような変化。「さすがに初回には回らないだろう」という八番打者にもかかわらず準備をしていたことに、意志の強さを感じた。

「（防具を）つける時間はあるので、それなら初回から全員でという思いを自分から出して、攻撃のスイッチをしっかり入れようと思いました。攻撃が早く終わったからといって、守備の準備が遅れるわけではなかったので、できることはやろうと」

2019年夏の旭川大高戦。山瀬（一番奥）は試
合前の整列時にしっかり打席の準備をしていた

山瀬慎之助のＪＫ５

四死球時にバットを置いてリセットする

四死球時の**バット置き**に関しては、山瀬の流儀でホームベースをまたがず、審判の後ろを通って一塁に行くために「時間がない」と当初はやっていなかったが、途中から実行すると「できました（笑）」。最終的には星稜の中で誰よりも丁寧にバットを置くようになったが、これもやってみて感じることがあった。

「『フォアボールかよ。打ちたかったのに』という思いがある人もいると思うんです。そういう人も**やりきることでその打席をリセットできる**かなと思います。それと、見ている人はそういうところも見ているので、応援してもらう意味でもよかったんじゃないかと思います」

山瀬慎之助のJK6

自分の前の地面をならす

守備では必ず**自分の前の地面をならした**。他の選手たちが徹底するようになったのは19年夏の甲子園3回戦の智弁和歌山戦からだったが、山瀬はみんなでやる効果をこう話す。

「プレーしていない時間にも何か準備できることはないかなと探すようになりました。そういった面でプレーにも余裕が生まれます。それまでは最低限、アウトカウントを確認して、あとはボーっと待つだけ。それだと、どうしてもスイッチが入らなかったりするので、準備をすることでプレー(の質)も必然的に上がってきたんじゃないかと感じます」

準備の意識が強くなると気づく力もついてくる。試合中も嫌な予感がするたび、サードの知田に対し、**JK=事前の声**をかけていた。

「感じることが結構あって、そのときは知田に『(三塁線を)詰めとけよ』とか『止めればいいからな』とか言ってました。負けに関して真剣に考えるからこそ、（そういう行為に）つながっているんじゃないかと思います」

山瀬慎之助のＪＫ７

ストレッチや体幹トレーニングでケガを予防する

もちろん、個人としてもＪＫを徹底した。まずは、**ＪＫ＝自己管理**。２年の秋は腰を痛め、神宮大会の頃はほとんどスイングもできないぐらい悪化していた。ひじの状態も悪く、２年冬の時点では高卒でのプロ入りをあきらめ、９割方、大学進学に気持ちが傾いていたほどだった。

「毎日朝練をやるんですけど、**必ずストレッチをやる**ようにしました。ケガを防止するために**体幹トレーニング**もしっかりしましたね。２年秋にケガをして振れなくなって、『ケガをしたくない』という思いが強くなってからですね。以前はまったくやってなかったです」

朝からティーバッティングで振り込むのが日課。それをいきなりやっていたのだという。

「３箱ぐらいフルスイングするのに、ノーアップでやってたんです。それは腰痛めるよなって（苦笑）。みんな朝は何もせずにティーを始めるのでそれが普通になってたんですけど、よく考えたら午後の練習でノーアップでいきなりバッティング練習したり、ノックしたらケガするのは明らかですよね。そういうことを考えてなかったなと気づいて、朝もしっかりストレッチをやって、午後からはアップをしっかりやるというのは変わったことだと思います」

ひじ痛に関しては力任せに投げるのをやめ、**ひじに負担のかからないフォームに変える**ことで対処した。

山瀬慎之助のJK8

相手チームの分析をする

この他に徹底したのは、**試合前の準備と確認。**

「自分はキャッチャーなんで、一番大事にしたのは**相手チームの分析**。ビデオを見た時間は一番だと思います。見たもののイメージをしっかり持つことによって、1打席目、2打席目とどんどん相手のバッターが理解できる。打席を重ねるごとにその日の状態と照らし合わせることができるので、**初めて見るバッターの3打席と前もって見たバッターの3打席はまったく違います**。相手を理解するのが早くなるので、リードしながら楽しさを感じてました。甲子園でこの場面というのは特に挙げられないんですけど」

山瀬慎之助のJK9

カバーリングと全力疾走をしっかりする

バックアップと全力疾走にも力を入れた。印象に残るプレーとして山瀬がまっ先に挙げたのが2019年センバツ1回戦の履正社戦。2対0とリードして迎えた8回裏の守備だった。二死走者なしの場面で、七番・野口海音の打球はセカンド・山本伊織へのゴロ。正面へのゴロだったが、山本の目の前で大きくイレギュラーした。なんとか反応した山本だったが、打球はグラブに当たり、空中へ。素早くつかんで一塁に送球したが、あわてていたため一塁手の上を越える高い球になった。ボールはそのままカメラ席に飛び込むと思われたが、そこに山瀬が走り込み、スライディングしてキャッチ。二塁進塁を許さなかった。

「JKを意識するようになって、『**できることをちゃんとやろう**』と、より大事にしようと思ったのが**カバーリングと全力疾走**。その気持ちがなかったら、あれは二塁打（走者が二進）になってましたね」
記録にこそ残らないが、味方のミスをカバーする大きなプレーだった。

山瀬慎之助のＪＫ10

投げずに進塁させない「抑止力」を高める

プロに行きたいと考える選手ほど、技術面のことばかり意識しがちになる。スカウトにアピールするために、「打ちたい」、「肩の強さを見せたい」など目に見えて評価される部分ばかりに気持ちがいってしまう。だが、山瀬はＪＫに対する意識が変わったことで、自分や自分のプレーに対しても違う見方ができるようになった。

例えば、**キャッチャーから各塁への走者へのけん制球**。山瀬のように肩がいいキャッチャーほど肩に自信があるので〝投げたがり〟の傾向がある。山瀬自身も以前は何度も送球し、「肩を見せつけている」と言われることがあったが、**ＡＴＫ＝最悪、最低限、最高**を考え、けん制に関する考え方を見直した。

「最高はランナーを刺すこと、最悪は悪送球などで進塁を許すこと。最低限は送球せず、進塁を許さないことだと考えました。そうするためには送球を入れて肩（の強さ）を見せることも必要だと思います。二次リードが小さくなれば、進塁を防ぐことが増えるので。ただ、なんでもかんでも投げるのではなく、送球するタイミングを間違わないことが重要。あとは暴投をなくすために練習することを意識しました」

アウトにしようと躍起になれば、力んで悪送球の可能性が高くなる。それよりも、重視したのは進塁させない〝**抑止力**〟。何度もけん制しなくても、**肩の強さをわからせるだけで相手は警戒する**。リスクを減らして、進塁を防ぐ一石二鳥の策を選んだのだ。

また、この考え方は、別の場面でも活きた。3年夏の甲子園では慢性的な腰痛が悪化。身体は全力で送球できない状態だった。だが、それを悟られてしまえば相手は盗塁をしかけてくる。そうさせないため、ここでも〝抑止力〟を上げることに力を注いだ。

「甲子園でも、毎試合、1イニング目の（投球練習終了後の）二塁送球は意識していました。初回に強く投げて、あとは軽く投げるイニングを作りました」

相手に弱みを見せないことも大切な準備のひとつ。自分自身を客観的に見て、自分で気づき、考える行動ができるようになっていた。

ＪＫを意識し、それまでは重視していなかった細かいことに目を向け、小さなことを積み重ねてきた山瀬。キャプテンの成長と行動が他の選手を刺激し、意識を変えることにつながった。心を変え、やり続けたことで、山瀬自身が気づいたことは何だったのか。

「実は、前まではカバーリングもなんとなく行ってたんです。『暴投したときにホームにいたら怒られるから』とか『セカンドゴロで暴投は放らないだろう。ちょっと動いてればいいかな』みたいな感じだったんです。それが実際、何百回と真剣に追いかけたからこそ、甲子園（センバツの履正社戦）であのプレーがあった。ちょうど自分のそばにボールが来て、まさかという感じです（笑）。あのプレーがあったからこそ、見ていた他の選手もやるようになりますよね。**内野をならすことであったり、ＪＫやルーティンなど、何かやることを決めることが大事。やることを決めていたら、プレー以外で抜く場面がないので、常に何か考えるようになります。**それまでは気が抜けることがあったんですけど、**２時間のゲームをしっかり集中してできるようになりました。次のためにやることによって、集中が保たれる**というのは確実にあると思います。これからもプレースタイルは変わらずにやります」

小さなことをバカにせずできる人は、必ず大きな仕事ができる。できない自分を素直に受け入れ、改善しようと努めた結果が、自分自身の成長、そしてチームを改革することにつながった。

山瀬慎之助のＪＫ効果

- 常に何かを考えるようになる
- 集中が保たれる
- 自分もチームも成長する

山瀬慎之助

やませ・しんのすけ

2001年5月4日生まれ。石川県かほく市出身。星稜高を卒業後、ドラフト5位で2020年巨人に入団。強肩とインサイドワークが武器の捕手。右投右打。177㎝89㎏。

第4章

奥川恭伸のJK

悔しさをエネルギーに変える

あの涙が、忘れられない。

2018年2月18日、星稜の室内練習場2階にあるウエート室。奥川恭伸と初めてじっくり話したときのことだ。ポロポロとこぼれた涙が、大粒に変わり、最後は止まらなくなった。持っていたポケットティッシュを渡したが、全部使いきってもまだ足りないぐらいだった。

悔し涙だった。星稜は前年の秋の北信越大会で準優勝。3月に行われるセンバツへの出場を決めていた。だが、準優勝の内容は決してよくない。日本航空石川に石川県大会決勝こそ10対9で勝ったものの、北信越大会決勝では0対10で敗れた。奥川自身も県大会は先発して2回3分の2を投げて7安打で自責点6、再登板後も2回を4安打で自責点1。北信越大会は先発して5回を投げ、10安打7失点と打ち込まれていた。そのときの話を聞いていたら、奥川の涙が止まらなくなったのだ。

「準決勝で勝ったあと、雨で延びたんです。『センバツは決まったし、もういいだろう』みたいな雰囲気になって……。チーム自体がおかしかったんです。自分は周りから『大丈夫か?』と訊かれて、『大丈夫』と言ってましたけど、不安でした。打たれるのが怖かったんです」

北信越大会の決勝が行われたのは10月26日。その日から115日もたっている。4か月近くも過ぎているにもかかわらず、これだけ泣けるのだ。間違いなく、凡人にはない才能だといえる。

高校生の場合、試合直後こそ泣いているが、30分もすればケロッとしている選手がほとんどだ。数日たてば、その悔しさはどこかに行ってしまう。練習場のスコアボードに負けた試合のスコアを掲示していたり、寮の部屋や食堂に負けた試合の新聞記事を貼っていたりするのをよく見るが、そうでもしなければ簡単に忘れてしまうのが高校生なのだ。

ところが、奥川は違った。どんな素晴らしい俳優に泣く演技をするように頼んでも、あれだけ涙は出ないだろうというぐらい泣いたのだ。**悔しい気持ち、恥ずかしい気持ちは人を成長させる原動力になる。**4か月近くも前のことでこんなに悔しがれるのだから、絶対に成長すると確信した。

奥川恭伸のJK1

冬にわくわくしながら練習する

プロ野球のドラフトを終えた3年生の秋、前年2月の取材で涙を流したときのことを尋ねると奥川は「覚えてます」と苦笑いでふりかえった。

「甲子園に出たい、甲子園で優勝したい、プロ野球の選手になりたいという目標を持ってここに入ってきて、結構順調にいってたんですけど、初めてあそこまで打ち込まれました。それも2回打ち込まれて、ホントにどうしようもないということが初めてだったんです。自分の中ですごく衝撃的でした。全国にはもっと強い相手がいるのに、こんなところで打たれていいのかなって。忘れられなかったです、あれは。悔しいというか、『自分はどうなるんかな』っていう絶望感みたいなのがありました」

だが、絶望感に打ちひしがれないのが奥川の非凡なところ。1日たりとも悔しさを忘れず、練習に向かうエネルギーにした。

「自分の伸びしろに期待したんです。あのときは、まだ冬の練習を経験してなかった。高校生は冬場に強くなるということをずっと聞いていたんで、この冬頑張れば、春にどれだけ伸びるんだろうと**わくわくしながら練習**できました。未来の自分を楽しみにずっと頑張ってました」

冬場の練習は単調なものが多い。**体力強化のトレーニングや基礎練習**ばかり。周りには「練習、ダルい」などグチをこぼす選手も多々いたが、奥川はぶれなかった。

「あの負けが頭から離れなかったので。絶対にやり返してやると。冬場の練習は初めての経験だったので、頑張れば春にどれだけの自分になれるのかなって、未来のことを考えながらやってました。練習はつらいのはつらいですけど、頑張りました」

自分にふりかかる問題をJK＝自力で解決できるようにならなければ日本一にはなれない。地道にコツコツトレーニングに励んだ。そして迎えた春。取り組んできた成果が表れる。

「ひと冬越えて、（以前の自分と）全然違いました。春先の練習試合も報徳学園とかを抑えることができて、センバツでも抑えることができた。秋よりも自信がつきました」

奥川恭伸のJK2

今やるべきことに集中する

背番号11で臨んだ2018年センバツでは、初戦（2回戦）の富島戦で3回途中から救援して6回3分の2を6奪三振無失点。3回戦の近江戦でも6回途中からリリーフでマウンドに上がり、延長10回までの4回3分の2を無失点に抑えた。

だが、投球内容よりも奥川らしさが表れていたのが準々決勝の三重戦。3回途中から救援するも、4回3分の2を5安打2四球2失点（自責点は0）。思うような投球ができずライトへ回ったが、走者が一塁に出ると捕手の一塁送球に備えて一塁後方へバックアップに動いていた。8回表二死から打者が三振し、振り逃げを狙って一塁に走ったときは、セカンドがカバーに行かずベンチに帰ってしまったのとは対照的にしっかりとバックアップに走っていた。

「打たれてふてくされるよりも、罪悪感のほうが大きかったので、できたんだと思います」

秋に打たれたことをあれだけ悔しがっていた奥川。打たれてショックがないはずがない。だが、それとこれとは別。**今やるべきことに集中し、しっかりと役割を果たす。**投手としての実力におごることなく、ＪＫができるのが奥川の非凡さなのだ。

課題に対して自己管理する

　ＪＫができるとはいえ、やはり奥川も高校生。２年生の夏の大会前には高校生らしい失敗もしている。練習試合２試合で５本の本塁打を打たれたのだ。高岡商に３イニングで２本、大垣日大に２イニングで３本。原因は速球勝負にこだわったから。トレーニングの成果が出て球速が上がったことで、ストレートで勝負したいという色気が出てしまった。センバツでの投球や報道等で相手は「奥川は球が速い」とわかっている。速球にタイミングを合わせて待っているところに、１、２、３で投げてしまったのだ。

「大垣日大には１、２回で３本打たれたんですけど、そのあとは全部抑えて４対３で勝ちました。感覚は悪くないし、調子はいいのに何で自分が打たれてるのかわからなかった。『夏の大会前なのに大丈夫かな』と思ってたんですけど、荒山（善宣コーチ）さんに『緩いボールを使って、空中戦を避けて地上戦にもっていきなさい』と言われて落ち着いて、それで収まりました」

ムキになって投げず、打者を見ながら投球できるのが奥川の長所だったが、スピードが上がったことで、自分の持ち味を忘れ、**JK＝自分勝手な投球**をしてしまった。

「荒山さんに言われて、もう一回相手を見て投げるスタイルに戻すことができました。球が速くなると試したくなる？　なります（笑）。まっすぐでいきたい、みたいな」

投球スタイルは取り戻したが、エースナンバーをつけて臨んだ2年生の夏の甲子園では別の課題が出た。**JK＝自己管理**の不足だ。2回戦の済美戦で先発。4回まで3安打1失点に抑えていたが、右足をつって4回限りで降板。長いイニングを投げられず、6点差をひっくり返される要因を作ってしまった。

だが、同じ失敗をしないのが本物のエース。前年の経験をもとに3年夏の甲子園では自己管理を徹底した。

「**飲み物に気をつけました。まずはこまめにしっかり摂ること。**それまでは、試合前でも全然飲んでないこともあったので」

なんと35度を超えるような猛暑でも、飲み物を口にしていなかったのだという。

「のどはかわかなかったです（笑）。あのとき（済美戦）は午前中に練習があって午後から試合だったんですけど、午前中の練習で一滴も飲んでなかったんですよ（苦笑）。それで、こまめに摂るというのと、オーエスワン（熱中症対策飲料）が一番いいと思ったのでオーエスワンをずっと飲んでました。あとは塩分のタブレットを摂るようにしました」

飲み物だけではない。試合を迎えるまでの体調管理にも気を配るようになった。

「もともと睡眠はしっかりとれてたので、食べ物をしっかり食べるようにしました。大会期間中に体重を保つことは意識しました。前の年は試合が終わった日は疲れて食べられなかったりしたんですけど、無理やり食べるようにして体重を落とさないようにしました」

2年生の夏は出された食事すらのどを通らず、大会中の1週間で2、3キロ体重が減ってしまった。その反省から、3年生の夏は**配膳された食事プラスごはんを1杯多く食べる**など工夫。その結果、大会期間は倍の2週間になったが、82キロをキープすることができた。

「（体重の変化で体力は）全然違いました。2年のときは試合が終わって、ホテルに帰って自分の部屋のベッドに座った瞬間ぐらいに『疲れたぁ』ってなってましたから」

35度を超える酷暑の中での試合。暑さと疲れで食欲がなくても無理やり食べなければ体力はもたない。**夜は必ず11時までには就寝。睡眠のゴールデンタイムといわれる10時〜2時の間に睡眠時間を確保し、質の高い睡眠がとれるように努めた。**体調管理に気を使ったことで、3回戦の智弁和歌山戦で延長14回165球を投げきることができた。前年の悔しさをバネに自分を見つめ直し、**JK＝次回に改善**した結果だった。

奥川恭伸のＪＫ４

キャッチボールで投球を見直す

奥川は多くのＪＫ＝準備と確認をするようになった。練習でもっとも変わったのは**キャッチボール**。学年が上がるにつれて、キャッチボールも投球練習の一環と考えて取り組むようになった。

「キャッチボールは大切にやってきたつもりです。中学までは肩慣らしとしか思ってなかったですけど、例えば、**リリースの感覚をしっかり持つ**とか、そういうことを意識してやるようになりました。１年生のときは知識もなくて自分で修正できなかったことも、３年生になってからは自分で修正できるようになりました。**キャッチボールがいいときはピッチングもいいので、キャッチボールでちょっとでもいい感覚に持っていく**ことを意識してやってました」

キャッチボールでは自分なりのチェックポイントも作っていた。

「ダメなときはだいたいかかと寄りに倒れてしまうので、自分はどっちかというと前傾で入るようにしていました。いいときはピシッとハマるイメージがありますし、ボールのラインもしっかりできてますね」

奥川恭伸のＪＫ５

打順が近いときは防具をつけてキャッチボールをする

試合では細かなＪＫをするようになった。**味方の攻撃中、投手は二死になると次の投球に備えてキャッチボールをするが、打順が近いときはエルボーガードとフットガードをつけてやるようにした。**甲子園は2時間以内に試合を終わらせようとするため、審判に急かされる場面が多々ある。スリーアウトでマウンドに行くことになっても、打席が回ってきても、どちらにもすぐに対応できるようになった。

「バタバタしなくなりました。落ち着きが出たというか。もし打線がつながって自分の番が来たときでも、手袋をつけるだけでいいのでゆっくりできるようになりました」

奥川恭伸のＪＫ６

イニング間の投球練習の最後の１球はスライダーを投げる

イニング間の投球練習でもちょっとした工夫をしていた。**投手が最後の１球を投げたあと、捕手が二塁に送球するが、このときに必ずスライダーを投げていた**のだ。ほとんどの投手がストレートを投げるのに、なぜスライダーなのか。

「**キャッチャーが投げにくい**からです。試合では変化球で走ってくる場面のほうが多いので。それを続けているうちに、そうすることで**自分も落ち着く**というか、ルーティンみたいな感じになりました」

走者は本塁への到達時間がかかる変化球のタイミングを狙って盗塁をしかけてくる。そのときの予行練習をするのだ。捕手も直球より変化球のほうが投げにくい。難しいほうを常に練習する意味もある。山瀬に頼まれたわけではなく、奥川自身が**ＪＫ＝自分で考え、工夫**してそうした。

周りの期待に応える投球で応援してもらう

投球では、考え方が大きく変わった。3年生になり、高校球界屈指の投手に成長すると周囲からの注目度が今までの比ではなくなる。センバツ前の高校野球雑誌は軒並み表紙に採用された。メディアもファンも奥川の一挙手一投足に視線を送る。ここで奥川が意識したのは第三者目線だった。

「**周囲が期待することをやったときに周囲に応援され、自分たちに有利な空間を作れる**と思いました。甲子園で戦うのであればこういうことも大切だと思いますし、これが大逆転などのドラマを生んでいると思います。周囲は自分に150キロや三振を期待している。そういう期待に応えられる選手になりたいと思っていました」

2年の夏の大会前に痛い思いをして以来、無理に球速を出そうとしなかった奥川だが、甲子園の初戦だけは違った。春も夏も初回に球速を出しにいっているのだ。

センバツの1回戦・履正社戦ではこうだった。一番・桃谷惟吹に対しての投球は1球目148キロ（ファウル）、2球目150キロ（ボール）、3球目149キロ（ボール）、4球目151キロ（ファウル）、5球目129キロ（ストライク）。最後はスライダーで見逃し三振だったが、4球目まではすべてストレート。2球目にスコアボードに150キロと表示されたときは、スタンドからどよめきが起こった。

夏の1回戦・旭川大高戦ではこうだ。一番・佐藤一伎に対しての投球は1球目スライダー（ボール）、2球目148キロ（ファウル）、3球目スライダー（ボール）、4球目150キロ（ストライク）、5球目153キロ（空振り）。先頭打者にいきなり自己最速153キロを出して、またしても観客のどよめきを誘った。

「はい、わかっててやっていました。球場がワーッとなるのはマウンドでわかります。すごい気持ちよかったです。150キロでまずワーッとなって、『次は？』みたいな雰囲気は感じました。お客さんが味方かどうかまではわからないですけど、喜んだのはわかります。夏の大会は星稜高校を応援してくれる人がすごく多いなというのは感じました。特に劣勢の場面になったときとか。そういうのはすごくありました」

甲子園のファンもメディアもスターを待っている。スターが期待通りのパフォーマンスを見せれば、「観に来てよかった」と思う。自然と応援し、感情移入するから歓声や拍手はけた違いなものになる。こうして**生まれる大歓声こそが、甲子園の魔物**になるのだ。奥川は春も夏もたった一人の打者に投げただけでスタンドを味方につけてしまった。

そして、その魔物が大いに後押しした試合がある。夏の甲子園3回戦・智弁和歌山戦だ。1対1のまま延長12回まで決着がつかず、タイブレークにもつれ込む大接戦。この試合で奥川は14イニング、165球を一人で投げ抜いた。許したヒットはわずか3本。失点はエラーがらみの1点だけで23三振を奪うスター選手らしいピッチングだった。このような球史に残る試合の場合、甲子園のファンは「オレはあの試合を生で観た」と自慢のネタにする。何年たっても自慢できるように、インパクトは大きければ大きいほどいい。奥川の23奪三振はファンを満足させるには十分だった。**期待に応えたお礼が、スタンドからの声援という後押し。**奥川が「劣勢の場面で応援を感じた」と言ったように、この試合は終始、近畿の人気チームがアウェイに回り、星稜がホームの雰囲気だった。

奥川恭伸のJK8

実現可能なことに集中する

夏の甲子園3回戦・智弁和歌山戦は、奥川の精神的成長がもっとも現れた試合でもある。**JK＝実現可能の考え方**ができたことだ。**実現可能とは、「必ず達成できる目標を設定すること」**。人間は苦しい場面になると冷静さを失い、自分の実力以上のことをしようと思ってしまう。だが、それではうまくいく可能性は低い。目標が高すぎて、自分で自分を苦しめてしまっているからだ。**ピンチだからこそ、背伸びせず、今できることに集中することが大事。ハードルを低くすることが大事だ。**

奥川にとって、この試合最大のピンチは1対0とリードした6回表にやってきた。一死から九番・綾原創太にボテボテのサードゴロを打たせるが、知田爽汰が一塁に悪送球。一死一塁から次打者の黒川史陽には注文通りのショートゴロを打たせた。完全にダブルプレーの当たりだったが、ショートの内山壮真がはじいてしまう。打者走者はアウトにしたが、走者を二塁に残してしまった。二番・細川凌平に死球を与えて一、二塁になったあと、三番の西川晋太郎にライト前ヒットを打たれて同点に追いつかれた。

5回まで1安打10三振と手も足も出なかった智弁和歌山打線の反撃に、甲子園には智弁和歌山のチャンステーマ『ジョックロック』が鳴り響く。だが、奥川は冷静だった。四番・徳丸天晴にスライダーを2球空振りさせて追い込むと、3球目はストレートで三振。最少失点で切り抜けた。同点に追いつかれ、なおも二死一、三塁で四番打者。並みの高校生なら動揺してしまう場面で、なぜ冷静でいられたのか。それは、実現可能のJKができていたからだった。

相手は強打を誇る智弁和歌山。2回戦の明徳義塾戦では、1イニングに3本塁打を放って7得点というビッグイニングを作っている。一発を避けるために奥川が設定したのは**「低めに投げること」**。味方のミスでピンチにはなったが、サードゴロ、ショートゴロと低めに投げてゴロを打たせることはできている。苦しい場面ではあるが、「低めに投げる」という目標は達成しているからあわてなかった。

「ミス、ミスで結構まずい雰囲気でしたし、1点入って、今までだったらそのままジョックロックに呑まれた感じになってたかもしれないですけど、そこで気持ちを整理して次のバッターにいくことができました。**実現可能の考え方をするようになって、わりきれるようになりました。**ピンチの場面でも、自分のやりたいことをやってダメだったときはしょうがないと。失点して、今までだったらあたふたしたんですけど、そこをパッと切り換えられるようになりました」

ピンチで三振を取ろうと思えば力んでしまう。そうではなく、低めに投げればいいと考える。「低めに投げなければいけない」というMUST思考ではなく、「ボールが低めにいけばOK」というOK思考。低めに投げた結果、ゴロの打球でヒットになったとしてもそれはOK。やりたいこととできたことが一致しているからだ。

「実現可能の思考ができるようになったことで、気持ちが楽になりました」

結果ではなく、行動（できたこと）に焦点を当てる。どんな苦しい場面でも、できることを考え、それをやりきることに集中することで好結果が生まれるのだ。

2019年夏の智弁和歌山戦の６回、ピンチでも奥川は「低めに投げる」という実現可能のＪＫをして冷静に投げきった

最後に奥川らしいエピソードをいくつか紹介したい。準決勝の中京学院大中京戦。6対0と大量リードで迎えた5回裏のことだ。二死一塁で打席に入った奥川は、4球目に一塁走者の岡田大響が二塁盗塁に成功すると**バットを短く**持ちかえた。そこからファウル、ボール、ファウルでカウント3－2まで粘る。最後はセンターフライに倒れたが、必死に食らいついて追加点を取りにいった。

「あの試合はまだ6対0というか、セーフティーリードという感覚じゃなかったので1点でもほしいなという気持ちでやってました」

この姿勢は次の打席で実を結ぶ。7回裏二死二、三塁で巡ってきた打席で、カウント1－2と追い込まれながらファーストの後方にポトリと落とすタイムリー二塁打。前打席同様、バットを短く持って食らいついた結果だった。この試合の間、ベンチで奥川はチームメイトに向かってバットを短く持つことを勧めていたという。

「あれはいいぞ。空振りしない」

投手だからといって打撃に手を抜くこともなければ、大量リードで気を抜くこともない。荒山コーチは奥川についてこんなことを言っていた。

「あいつはバッティングの調子が悪くなるとバットを持って、オレの前をうろうろするんだよね（笑）」

教えてくださいと言わんばかりにアピールする。それが奥川なのだ。

準々決勝の仙台育英戦ではこんなこともあった。最終的に17対1の大差がつき、14人の選手が出場。8回表に高木宏望を代走に送ったとき、林和成監督が選手たちにこう声をかけた。

「外野（手）は足つるなよ。もういねーぞ」

代走で出た高木の代わりに投手が入るため、ベンチには外野を守れる選手がいなくなるという意味だ。ところが、このときベンチで「います！」という声が聞こえた。声の主は奥川。声だけでなく、手を上げてアピールしていた。

前の試合で14回を完投したこともあり、奥川はこの試合は休養の予定。「奥川を休ませよう」とチーム一丸となって大量点を奪ったのに、本人は出る気満々だったのだ。これこそが、奥川。野球が好きでたまらないのだ。

「野球が誰よりも好きな自信はあります。打つのも投げるのも守るのも全部が好きです。打てなかったり、守備でうまくいかなかったりするとイライラしたりすることもあるんで。そういうのは、他のピッチャーの選手にはないんじゃないかと思います」

野球が好きだから、努力できる。野球が好きだから、バックアップもバッティングも手を抜かない。野球が好きでやっているから、どんどんうまくなる。

悔しさを忘れないのも、心の底から野球を楽しめるのも立派な能力。能力のある選手がＪＫを徹底してやれば、結果が出ないわけがない。それを体現したのが、奥川恭伸だった。

奥川恭伸のＪＫ効果

- **ピンチで切り換えられる**
- **周りに応援してもらえる**
- **能力を結果に活かせる**

奥川恭伸

おくがわ・やすのぶ

2001年4月16日生まれ。石川県かほく市出身。星稜高を卒業後、ドラフト1位で2020年ヤクルトに入団。ストレートとスライダーが武器の右腕。2年目の21年には開幕ローテーション入りし2度目の先発となった4月8日にプロ初勝利を飾った。右投右打。184㎝82㎏。

第5章

帯広農のＪＫ

TY＝とにかくやってみる

全世界が新型コロナウイルスに翻弄された2020年。中止になった春のセンバツの〝救済策〟として行われた8月の甲子園交流試合で、静かな奇跡が起こった。21世紀枠で選出された帯広農が、関東大会優勝校の高崎健康福祉大高崎を破ったのだ。交流試合のため正式な記録にはカウントされないが、21世紀枠の学校が一般枠の学校に勝つのは15年に松山東が二松学舎大付を破って以来5年ぶり。12年以降では21年までその2校しかない。入学時に本気で「甲子園に出たい」と思っていた選手は皆無。野球をやるのは高校で終わりという選手ばかりの普通の高校の選手たちが、なぜ快挙を成し遂げることができたのか。その裏には、甲子園に懸ける前田康晴監督の執念とJKの徹底があった。

「こんなところでやっていけるのかな」

これが、前田監督が野球部の指導者になった最初の感想だった。北海道江別市にある公立校・大麻の出身。大学は農業を学ぶために酪農学園大に進んだ。大学卒業後の1999年に教員になり、帯広農に赴任。1年目は馬術部だったが、2年目から野球部の顧問になった。いざ、現場に入ってみると想像との違いに驚かされた。

「(周囲の指導者は) みんな勉強していて、すごい人たちばかりでした。自分は教員になって高校野球を教えたいという気持ちだけ。やれると思っていた自分が恥ずかしかったですね」

初任の4年を終えて倶知安農に異動。2004年に監督としてのスタートを切ったが、ここでは別の意味で期待を裏切られた。

「部員は15人ぐらい登録しているんですけど、練習に来るのは5人ぐらい。『どうして来てないの?』と訊いたら、『今日は(アニメの)タッチの再放送があるからみんな帰りました』って言うんです。びっくりしました」

野球を目的に農業高校に進学してくる生徒はおらず、部員は減少。10年の秋にはゼロになったこともある。自分のクラスの生徒を入部させ、廃部を免れた。

「一人になったとき、もうダメだな。限界だなと。甲子園はあきらめました。野球をやめて教員として授業に専念するべきなのかなと思いました」

そんな思いを抱いているとき、石山大志という一人の中学生が学校に見学に来た。中学では3番手投手。部員の少ない倶知安農ならチャンスがあると思ったのだ。「倶知安農で野球をやりたい」

という言葉を聞いたときはうれしかったが、現状を踏まえてこう返した。

「君が来ても野球部は2人だから。倶知安高校に行ったほうがいいぞ。ウチに来るなら9人そろえないと野球はできない。それも、学年で9人そろえないとダメだぞ」

すると、石山は本当に9人集めてきた。彼らが入学し、野球ができるようになった。

「また野球をやれる。彼らがいるここからの3年間にすべてを懸けよう。自分がこれまでに勉強したことのすべてを出しきろうと思いましたね」

9人の入学が決まったときには、興奮のあまり夜中の2時頃に目が覚めることもあった。そんなときは一人で農場に行き、農作業をして気を静めた。


野球に飢えていた前田監督と1年生9人の気持ちが合致し、毎日が充実していた。夏の大会では小樽桜陽を破り、1年生だけで1勝を挙げる殊勲。これで前田監督の心に火がついた。倶知安農が所属するのは小樽支部。ここには絶対的王者の北照がいる。9人で挑むのは無謀とも思えたが、前田監督は本気でぶつかっていった。

「あのときは燃えましたね。北照に勝たないと全道大会に出られない。『北照を倒すぞ』と。『Bチームでも、Cチームでもいいから』と河上（敬也、当時の北照監督）先生に頼んで、1か月に1回ぐらい練習試合をやらせてもらったり、合同練習をやらせてもらったり。『北照に勝てるものを増やそう』と、とにかく北照に行きました。最初は8対33から始まって、1対10、1対2、2対2となっていった。ちょっと近づいているのかなと」

TY＝とにかくやってみることが大事、と春休みには9人で関西遠征にも出かけた。

「挑戦でしたね。関西に知り合いもいないけど、電話して（対戦相手を探して）行ったんです。選手も怖がって、『どうしよう』という感じでしたけど、『もう二度と来ない。相手の選手とは二度と会わないいんだから思いきってやれ』と。そう言ったら、意外と頑張るんですよね。北海道の中にずっといるのではなくて、いろんなところに行くことによって、自分もそうですけど選手も変わったような気がします」

タクシー3台で相手校のグラウンドに行くと、バスで来ると思っていた出迎えの部員たちにスルーされた。試合で選手が頭に死球を受けたときは、味方よりも相手チームの指導者がまっ先に飛んできた……。9人ならではのエピソードには事欠かない。

「頭に当たったときは、『向こうは気を遣って絶対インコースに投げてこないから、外の球を思いっきり踏み込んで打て』とか言ってましたね（笑）」

当時の指導方針は、「弱いチームは練習あるのみ」。練習試合で負けると取られた点数分のポール間走を選手に課し、前田監督自らも走った。

9人が入学してから2年3か月。**KY＝ここまでやるか**の精神で北照に向かっていった。9人は粘り強く、たくましくなったが、最後の夏は小樽支部の準決勝で北照に0対10の5回コールド負け。大串和弥、吉田雄人（元オリックス）らがいてセンバツ8強に進んだチームの壁は厚かった。この夏に懸けていただけにショックではあったが、一方で大きな気づきもあった。

「自分が変わらないと選手たちにまた同じ思いをさせてしまう。厳しいだけではダメなんだなと。選手自身が『野球をやりたい』と思うような指導や環境が必要なんだと考えるようになりましたね」

帯広農のＪＫ１

天気予報を見て状況を考える

厳しいだけではいけないと気づいてから3年。16年に再び帯広農へ異動。秋から監督として甲子園への再スタートを切った。

「前任の大久保（聡彦、前監督）先生が厳しくやっていたので入りやすかった」

監督になり、**まずは野球の技術ではなくＪＫの部分から始めた。**

「**『天気予報を見なさい。着替え、アンダーシャツは１日３枚持ってきなさい』**というのはよく言ってましたね。農業につなげて話をしました。野球と似てる部分があるんだよと。農業ではいきなり台風が来ることもあれば、突然の雨もある。反対に今日は雨が降るとわかっていることもある。天気がこうだから、今日はこういう作業をしようというのが農業は多い。その日の状況によって変えていかなきゃいけないことは結構あるんです」

野球でも、**雨で地面がぬかるんでいればバントが決まりやすい。ボールが滑るから握り方や送球の意識を変えるなどＪＫ＝状況を考える**ことは多々ある。その意識づけをした。

「あとは**ルール**の話を結構しました。内野手がファーストに悪送球したとき、打者走者が（駆け抜けではなく）二塁に行こうとする姿勢を見せたら、ベースに戻らなきゃアウトになるとか」

北海道は公式戦でも指導者が審判を務める。前田監督自身も審判としてグラウンドに立つため、ルールには精通している。基本的なことから教え、徐々に細かいＪＫのことに入っていった。

17年に2年生だった前田圭吾は当時のことをこうふりかえる。

「**あいさつの語尾**を伸ばしていたんですけど、それをやめました。アップも**ストレッチ**を適当にやっていたプロの選手がケガをしたと聞いて、しっかり一つひとつの動作を大事にするようになりました。自分たちも意識の低い部分があったので。**守備に就くときも内野の土の部分を通らず、外野の芝から行く**ことでイレギュラーをする確率を減らそうという意識も出ました」

帯広農のＪＫ２

走塁で「時間と距離」にこだわる

野球以外のことに気を配ることによって、チームはプレーでもＪＫを意識するようになった。前田圭吾は言う。

「野球でも最初の頃はＪＫがまったくできていませんでした。例えば、守備で『１アウト』とか当たり前のことは、いちいち言わないじゃないですか。それだと、ふとしたときにミスが出るんですよね。それでＪＫ不足と言われて、細かな確認をやるようになりました。（走者一、二塁や満塁など）**ファーストがベースから離れるとき、『離れるから』と言っていなかったのを声かけするようになったり。**みんなの意識が変わりましたね。**次に打球が来たらどこに投げるかを確認するだけで、いざ打球が来たときに気持ちが違いました。余裕ができるんだとわかりました**」

細かなＪＫにこだわるようになったが、中でも力を入れたのが走塁。野球は球場の広さは決まっていないが、塁間の長さは決まっている。**ノックや走塁練習では必ずストップウォッチでタイムを計る**ようにした。もっともこだわったのはシングルヒットで二塁から本塁に還るときのタイム。ただセーフになればいいのではなく、**バットがボールに当たってから二塁走者がホームを踏むまで7秒以内を目標に練習した。JK＝時間と距離にこだわる**ようになったのだ。そうやってこだわるようになると、他の部分にも目がいくようになる。前田が続ける。

「**レフト線に打球が飛んだ場合、レフトが左利きだったら（シングルヒットの当たりでも逆モーションになるため）二塁を狙いやすいというのがわかりました。けん制もピッチャーの特徴を見つけて、『このタイミングで来るんじゃないか』と言う係をベンチに置いて、みんなでJK＝情報共有しました。**そうやって細かいことを意識することで、チーム力が向上したと思います」

その前田がエースとなった17年秋は十勝支部予選で足寄、帯広南商、帯広大谷を破って8年ぶりに全道大会に出場。前田たちの1学年下の代も夏に十勝支部予選を突破。7年ぶりに北北海道大会に進出してチームの礎を作った。

帯広農のＪＫ３

地域に応援されるチームになる

全道大会にたどりつけるようになったとはいえ、17年秋は北海道栄に0対4、19年夏はクラーク国際に7回コールドの1対8で敗退。全道1勝が遠く、まだまだ甲子園は見えてこない。そこで前田監督は、現実的な目標に集中することにした。

「21世紀枠で甲子園に行きたいなと。それが甲子園に一番近いかなと思いました。全道大会まで上がってくる公立高校は少ないので、2、3回勝てばチャンスがあるんですよね。全道に1校しか行けないうえに北照がいる小樽支部よりは、2校行ける十勝支部のほうが楽。きちっと準備して全道に出ていれば、甲子園に近づいていくというのはあったので」

倶知安農にいるときから、21世紀枠は頭にあった。**21世紀枠で選ばれるためには、何をすればよいのか。どんなチームになればよいのか。常に考えていた。**

「21世紀枠への準備というと、**地域に応援されるチームになる**ことが一番かなと。**審判に対して敬意を払う**ことであったり、**守備に就くときに芝の上から回って行く**ことであったり。北海道ではウチが率先してやっていこうかなと。できないことじゃないですし、すぐ始めましたね。**バットを丁寧に置く**のも北照よりウチが先にやってたんですけど……。（北照のほうが先に話題になり）やっぱり、勝たないとダメだなと思いましたね（笑）」

帯広農のＪＫ４

パワードリンクと補食で身体を作る

地域に応援されること。もちろん、それだけで推薦されるほど21世紀枠は甘くない。**いかに個性を出すか**。選考委員の共感を生み、感情移入してもらうか。ストーリーを作らなければいけない。だが、そこは農業高校。アピールする材料には事欠かなかった。

「倶知安農のときはグローブを作ったんですよ。自分たちが育てた牛の皮で。結局、最後は業者に頼むんですけどね。６個作りました。北照に勝って、『僕らは自分たちで育てた牛のグローブで甲子園に来ました』って、いいストーリーだろ。これが農業高校だと」

では、帯広農では何を売り物にするか。農業科の授業を受け持つ前田監督が新たに目をつけたのは食材だった。

「豆を担当していたので、きな粉だなと。きな粉なら、たんぱく質以外にも身体にいい栄養素が摂れますしね。この他に（砂糖の製造に使用する）ビートと牛乳も作っているので、全部を使って〝**帯農パワードリンク**〟という名前にして、『自分たちはこれで身体作りをしてます』と」

農業科学科の生徒が栽培した大豆をひいたきな粉と、校内で飼育する牛から絞った牛乳に、砂糖を混ぜて作った特製ドリンク。練習中、主に筋力トレーニングの前にプロテインの代わりに飲んだ。さらに補食も変えた。以前は卵かけごはんなど軽いものだったが、補食の域を越えて、調理したものを出すようになった。

「冬はマイナス20度になることもあります。すごく寒いのであったかいものをということで、みそ汁、豚汁にしました。みそも大豆から作りますし、具材の野菜やじゃがいもも学校でできたものですからね。それから始まり、最初はカレーやシチューばかりだったんですけど、今はバリエーションが増えました。マネジャーが頑張ってくれてますね。『たくさん食べろ』という学校はありますけど、ウチは野菜も多く入って、バランスのよい補食になってるかなと思います」

ちなみに、同時に出されるお米は、なんと特Aランクの北海道米「ななつぼし」だ。

「おいしくないと食べないいんですよ。学校で作ったみそを使ったみそ汁だといつもより食べたんです。だから、お米も一流のものを食べさせようと。**おいしいものだと食べるし、食べると元気になる**。『何でも食べろ、食べろ』じゃなくて、そういうことを大事にしたほうがいいのかなと思います」

パワードリンクと補食は農業高校の特色をアピールするだけでなく、選手たちの身体作りにも効果を発揮。選手たちの多くは冬場の２か月で体重が４キロ、筋肉量が１・５キロアップした。

帯広農のJK5

人の心を動かす資料を作る

21世紀枠での選出のために、もうひとつ前田監督がこだわったのは**センバツ出場校選考会で使われる資料**。21世紀枠の選考は各地区の理事長が推薦校をプレゼンテーションし、その後に選考委員による協議が行われる。一部ではそのプレゼンの巧拙で出場校が決まるとも言われており、わかりやすいフレーズを多く入れたものを作成した。

「21世紀枠はこういうものだからというのは発表されているので、その条件にきちっとあてはまるものをそろえないとダメだと思いました。逆に言えば、あてはまればあてはまるほど選ばれる確率は上がるかなと。書いたのは『学校で取れた食材を使用したパワードリンクを飲んでいること、部員は全員が地元の十勝出身であること、部員36人中農業後継者が20人いること、早朝や夕方に搾乳や除草などの畑作業があるため、時間外実習で練習には全員がそろわないこと』などです。ちょっとオーバーに書きましたけどね（笑）」

21世紀枠の候補校に選出される以前から、ある程度まで書いてJKをしていた。

肝心の野球は継続してJKを徹底、走塁を磨いた他、バッティングのドリルをくり返してやり、**スイングの形を身につける**ことに時間を割いた。一発のある打者はいないが、コツコツとはじき返す打撃を貫いた結果、19年の秋は十勝支部予選で打線が爆発。私学と当たらないくじ運も味方につけ、足寄に13対1、芽室に14対0、帯広工に9対1と快勝し、2年ぶりに全道大会出場を決めた。

帯広農のＪＫ６

雪の上で練習する

監督として二度目の秋の全道大会。手さぐりだった前回とは異なり、前田監督の意識は大きく変わっていた。

「前の年は釧路湖陵（公立の進学校。19年のセンバツ21世紀枠の最終候補に選ばれたが落選）がベスト4で選ばれなかった。成績だけじゃないのが21世紀枠なので、正直、今までは農業高校ならベスト8でも選ばれるんじゃないかという気持ちもあったんです。運よく全道に行って、くじ運がよければ……と思ってましたけど、これはベスト4までは行かないとダメだなと。目線を上に上げないといけない。私立とも戦える戦力にしていかないといけない。簡単なことではないなと」

なんとかベスト8に、という低い目標では甲子園にたどりつけない。普段の練習から要求は高くなった。**冬場も室内練習場にこもるのではなく、雪の上で練習をする。**圧雪して氷のように硬くなった雪の上は、土の上より打球が速く、イレギュラーも多くなる。恐怖心を取り除くため、選手たちはフェイスガードをつけてノックを受けた。雪が解け始めたグラウンドでも妥協はしない。水たまりもかまわず、泥だらけになって実戦練習をやった。

「特別な選手はいないので、とにかくチーム力を上げていく方法はないかと考えました。そのためには、**環境を言い訳にしている場合ではない**ですよね。その他には、やっぱり**走塁とかマナーのこと**かなと。走塁はこだわってやったので、選手たちにも『北海道のレベルなら（微妙なタイミングでも）回して大丈夫だろう』という感覚が出てきた。細かいことを言い始めて3、4年たって、徐々に浸透はしていったと思います。それでも、もっときちっとやるために、さらにうるさく言うようになりましたね」

帯広農のＪＫ７

「1イニング勝負」で勝つ確率を上げる

練習試合では「1イニング勝負」にこだわった。

9イニングトータルのスコアだけではなく、1イニングごとに勝敗にこだわる。表の守りで1点取られれば、その裏の攻撃では2点以上取ることを目指す。表の攻撃で2点取れば、悪くても1点以内に抑える。**9イニングで3勝以上すれば勝つ確率が高い**というデータを示し、3勝以上を目標にした。

また、1イニング勝負の意識は他にも利点がある。**たとえ大差がついた試合でも、1イニングごとに勝負がかかっているため集中力が切れることがない**のだ。

冬場は雪に閉ざされ、対外試合の機会が少ない北海道。貴重な練習試合の機会を無駄にしないための工夫でもあった。

帯広農のＪＫ８

事前に決勝までの行動スケジュールを決める

何よりも変わったのは大会に臨む姿勢。監督として二度目となる、札幌で行われる秋の全道大会で、前田監督が初めて実行したことがある。**組み合わせ抽選が終わり、スケジュールが決まった段階で、開幕前に決勝までのすべての行動スケジュールを決めた**のだ。プリントして選手にも配り、監督は本気で優勝を目指していることを伝えた。

「朝は何時に起きる、どこで練習すると。いつ、どこで練習するのか。借りる場所も全部決めました。前までは『1回戦に勝ったら次のことを考えよう』と思ってたんですけど、決勝まで作りました。目標があるんだから、そこまでの準備をしっかりしないとダメだと。僕の準備でもあります。そうすれば、選手は『監督はこう思ってるんだな』とわかる。イメージが湧くかなと」

7月に旭川で行われた夏の北北海道大会は初戦敗退。慣れないホテル生活で調整に失敗した苦い経験もあった。キャプテンの井村塁は言う。

「夏はホテルに入ったのが（試合の）1週間前ぐらい。あまり練習もできませんでした。野球は目が大事なのに、携帯をずっといじっていると目に疲労がたまって次の日に影響する。そういう**自己管理**もできなくて、いいパフォーマンスができなかった。秋は予定が決まっていたので、**事前の確認**で先のことをイメージできましたし、体調も試合にうまく合わせられました」

やらないで後悔するなら、やって後悔するほうがいい。思ったことは、**まずやってみる。とりあえずやってみる。**前田監督の行動の結果は、吉と出た。武修館を8対7、札幌山の手を7対3、北海道栄を5対0と破って目標のベスト4入りを達成。準決勝で札幌日大に敗れ、最終日の予定こそ変わったものの、作成したスケジュールのほとんどを現実にした。

「終わってみて、そういうことは大事なんだなと思いましたね」

帯広農のJK9

勢いを止めない采配をする

ほぼ予定通りに進んだ19年秋の全道大会。実は、前田監督が変更したことがある。それは、戦い方だ。十勝支部予選は打線が好調だったが、相手がすべて公立。決して好投手とはいえなかった。投手の井村、千葉俊輔はある程度試合が作れる計算ができたため、全道大会では、攻撃よりも守りでリズムを作りたいと考えていたのだ。

「ウチは十勝支部でも四番めか五番めの力。一般的な公立の戦い方じゃないですけど、全道ではバントで送って1点取ろうという感じでいました」

気持ちが変わったのは、1回戦の武修館戦の初回だった。一番の千葉が中前打で出塁すると、二番の黒神佑馬も四球でつなぐ。無死一、二塁となり、前田監督の頭には送りバントが浮かんだ。

「バントさせようと思ったんですけど、(十勝支部予選から)**今までの勢いというか、好調なの**

でそのまま乗せていったほうがいいかなと。キャプテンだし、打たせてみようと」

ヒッティングに出た井村の打球は三塁内野安打となり無死満塁。四番の前田愛都は空振り三振に倒れたものの、五番の水上流暢がセンターに走者一掃の二塁打を放って3点を先制した。これで勢いづいた打線は10安打を放って8得点。終盤に追い上げられたものの、8対7で逃げきった。

「あそこから流れがよくなりましたね。完全に勢いに乗りました。十勝支部予選から初回に必ず点を取っていて、それがどこまで続くかという感じだった。全道に行って止まるかなと思ったら、全道でも必ず初回に点を取って2ケタ安打が続いた。あれが勢いなんでしょうね。ちょっとしたきっかけだったけど、高校生ってそういうもんなのかなと。素直な子が多いので、『打て』と言ったら思いきってやってくれたのかなと思います」

2回戦の札幌山の手戦は初回に2点を奪って15安打7得点、北海道栄戦は初回に1点取って11安打5得点。準決勝の札幌日大戦で初めて〝初回神話〟が崩れ、8安打に終わって快進撃は止まったが、秋の大会はチーム打率4割4厘。前田監督が予想もしない打線の爆発だった。

流れや勢いがあるときに監督が勢いを止めてはいけない。JK＝邪魔する監督になってはいけないのだ。大会中に選手たちが急激に成長するのは、高校野球ではよくあること。流れのままに、乗せておいたほうがいい場面もある。初戦の初回の前田監督のひらめきが、快進撃を呼んだ。

帯広農のJK10

明治神宮大会に足を運び全国レベルを知る

秋の全道大会が終わっても、前田監督の〝とりあえずやってみる〟精神は終わらなかった。北海道の21世紀枠推薦校も決まっていない11月、**明治神宮大会に足を運んだ**のだ。**全国10地区の優勝校が集まる大会を視察し、全国レベルを知ること、自分たちとの差を知ることが目的**だった。

「甲子園に行くための準備をしようと。今まで自分に自信がなくて、もじもじしていた部分があったんですけど、思いきってやることにしました。『**行ったことのないところに練習試合に行ってみよう**』と夏休みに秋田遠征に行ったのもそうですし、神宮大会を観に行ったのもそうですね」

12月13日に21世紀枠の北海道地区候補校に選出されると、1月24日のセンバツ出場校発表を待たずに甲子園までのスケジュールを組んだ。2月には兵庫・淡路島で合宿、3月は茨城遠征で実戦。甲子園入りしてから大会までの間の練習試合も決めた。

「選ばれるつもりで全部遠征を組みました。土の上でやらないと間に合わないと思ったので。旅行会社に手配までしてもらっていたので、(同じ十勝からセンバツに出場した)白樺学園に驚かれました(笑)。ダメだったらダメでいい。選ばれたときにすぐ選手たちに『3月までこういうスケジュールでやるよ』と言うためですね」

帯広農のＪＫ11

甲子園のスタジアムツアーに参加する

新型コロナウイルスが猛威をふるう前だったため、2月の兵庫・淡路島合宿は実際に行くことができた。その際には**甲子園まで足を延ばし、スタジアムツアーに参加。ベンチや室内練習場など甲子園球場の内部を見学してイメージを膨らませた。**

「選手たちは関西遠征も経験したことがない。全員で行ったほうがいいと思って甲子園見学を入れました。中にも入ったので甲子園の雰囲気はこんな感じかなというのはわかった。あのときは三塁側の室内を見られたんですけど、『一塁側のほうが大きいですよ』と言われていたので、（8月の甲子園交流試合で）一塁側に決まったときは、選手間で『広いほうでやれる』みたいな会話になっていたんです。行ってよかったなと思いましたね」

この他にも北照へ出向いて甲子園経験豊富な上林弘樹監督に話を聞いたり、北海道高野連の中川尚之元理事長にベンチ内の様子を教えてもらったりと、できる限りの準備と確認を行った。

「甲子園でのヘルメットの置き方や飲み物が置いてある場所などもわかっていたので、実際に甲子園に行ったときは、（戸惑うこともなく）完璧でした。準備ができていたのは強みになったかなと思います」

帯広農のＪＫ12

チームのキャッチフレーズを発表する

とことん準備を徹底した前田監督。正式にセンバツ出場が決まると、もうひとつ準備していた策を実行した。それは、**チームのテーマとなるキャッチフレーズの発表**。チーム内ではあたためていたが、出場決定とともにマスコミに解禁したのだ。

キャッチフレーズは〝**すず野球**〟。帯広農がモデルとなったＮＨＫ連続テレビ小説『なつぞら』の主人公を演じた女優・広瀬すずから命名したものだ。「す」で始まるスピード、スマイル、素直さの３Ｓ、「ず」で始まる頭脳的なプレーをする、ずば抜けたものを身につける、ずる賢いプレーをするの３Ｚ。21世紀枠にふさわしくないと「ずる賢い」を「ゾーンに入る」に変更したが、３Ｓ３Ｚの〝すず野球〟は覚えやすく、目指していることがわかりやすい。それに加え、ドラマのイメージも手伝って瞬く間に話題になった。選考会翌日のスポーツ紙では、ほぼすべてで『帯

広農　すず野球』が一面を飾った。

前田監督よりも先に取材で「すず野球」のフレーズを口にしたキャプテンの井村は言う。

「健大高崎の『機動破壊』のようにキャッチフレーズがあるのはいいなと。取材で言うと記者の人たちが食いついてくることが多くて、『こんなに簡単に人の気持ちを動かせるんだな』と思いました（笑）。自分たちにとっても、走塁を意味する『スピード』が目標として入っているので、チーム全体で走塁の意識が高まったと思います」

前田監督もキャッチフレーズがあることの効果を感じた。

「作ってホントによかったですよ。キャッチフレーズは選手たちに浸透しました。みんなテンション上がりましたもんね。ああいうのがあるのって、すごく大事なんだなと思いました。何かあったら、『今のは〝すず野球〟にあてはまってますか？』となるし、あてはまってなければ、『それをやろう』となりますしね。勝つだけじゃなくて、**自分たちがどういう野球をするのかという近い目標**ができますよね。新聞にドーンと出て、注目してもらうことによって選手たちのモチベーションにもなりました」

弱いチームは、自分たちの力を出しきらないと試合に勝てない。では、自分たちの野球をやるために何をすればいいのか。それがキャッチフレーズによって明確になった。

帯広農のJK13

相手チームの研究と対策をオーバーにする

順調に準備をしてきたが、3月に入り、新型コロナウイルスがまん延。センバツが中止になってしまった。春の北海道大会もなくなり、一時は3年生が全員やめるという話になったが、夏の北北海道代替大会、そして甲子園交流試合の開催が決まり、「最後までやりきろう」ともう一度全員がひとつになった。7月18日の組み合わせ抽選の結果、交流試合の対戦相手が健大高崎に決定。健大高崎は3年生だけで臨む思い出作りのムードだったが、帯広農ナインは真剣そのもの。研究にも対策にも本気で取り組んだ。

「ウチらは高校野球が終わるというより、野球が終わりなんですよね。甲子園は二度と来れないかもしれない場所ですし、『すべてを懸けよう。今までやってきたことをすべて出そう』と」

3年生18人のうち、卒業後も野球を続ける選手は2人だけ。甲子園が野球人生最後の試合になる。甲子園出場を決めるまでと同様、できる限りの準備をした。

いくつか健大高崎対策をしたが、力を入れたうちのひとつが相手のエース・左腕の下慎之介（現ヤクルト育成）対策だった。184センチの長身から最速143キロの速球を投げるプロ注目の投手。右打者のひざ元に決まるスライダーは帯広農ナインが見たこともないような球だった。好投手相手にストレートも変化球も対応するのは不可能。打つなら、ストレートしかない。打撃練習もストレートだけに絞った。

これまで対戦したことのないレベルの投手。普通に練習しても打てるわけがない。対策練習は思いきり大胆にした。右打者のインコースへのクロスファイヤーに対応するため、**マシンを一塁側に2メートル近くずらし、横の角度をつけた。さらに、土木科が作ったコンクリートの台の上にマシンを置いて2メートル30センチの高さにし、上の角度もつけた。**高い位置から、胸元にありえないほど食い込んでくる球が来る。当然、初めは誰も打てない。中には「こんな球来るんですか」と言う選手もいたが、**現実にはありえないぐらい極端なことをやることが大事**なのだ。初回の練習では班を作り時間で区切って打撃練習をしたが、ようやくバットに当たるようになってきたところで次の班と交代になり、四番の前田は「もっと打ちてー」と声を上げていた。

帯広農のJK14

相手のお株を奪うプレーを成功させる

もうひとつ、力を入れたのが**『機動破壊』対策**だった。14年夏の甲子園では4試合で26盗塁を記録するなど機動力野球で話題になった健大高崎。走塁を指導していたコーチがいなくなり、以前ほど足を使わなくなったとはいえ、そのイズムは残っている。帯広農の捕手陣は決して肩が強いとはいえないため、盗塁をしかけられたらあわててしまう可能性があった。

その中で、**もっとも力を入れたのが走者一、三塁時の守備**。一塁走者が盗塁してきた場合、公立校はフリーパスにしてしまうことが多い。「どうせ刺せないなら」と健大高崎が得意としていたトリックプレーを練習した。参考にしたのは拙著『機動破壊の秘策』の118ページに載っているプレー。ショートはあえてベースカバーに入らず、二、三塁間のライン上で待機。そこにキャッチャーが送球し、捕球したショートがすかさずサードに投げて油断して飛び出している三塁走者を刺すという作戦だ。**相手がやっていることを逆に成功させれば、精神的な動揺も誘える。**すず野球にある〝頭脳的なプレー〟だ。この他にけん制の練習もくり返した。

『機動破壊』対策としては、守備だけでなく**走塁にも力を入れた。自分たちが得意なことをやられれば、ダメージは大きくなる。**健大高崎のエースが左腕の下ということもあり、ホームスチールを練習した。また、下の投球フォームをビデオで研究。一塁けん制をするときとホームに投げるときのクセがわかったため、試合前日も二盗のスタート練習をくり返した。

「健大がやってる野球をやれたらいいなと思ってました。インパクトがないと相手にダメージを与えられないと思った。相手のお株を奪うことによって『甲子園に爪あとを残そう』と。甲子園はウチの選手が経験したこともないぐらい暑いし、集中力が必要。そのためにも『結果よりも練習してきたことをやればいいんでないかい』と。（暑さに負けず）最後まで笑顔でやることが一番の目標。勝つことよりも、そっちのほうが大変だと思ってました」

甲子園出場を決めるまでも、出場が決まってからも、前田監督はできる限りの準備と確認をやってきた。あとは、選手たちに思いきり試合をやらせてあげるだけ。勝っても、負けても1試合。2時間の試合の中で〝帯広農・すず野球〟を表現するだけだ。

帯広農のＪＫ15

地面をならしてイレギュラーを防ぐ

選手たちも気持ちの準備ができていた。甲子園でやるべきことは、今までやってきたことをすべて出すこと。入学してから続けてきたＪＫを大舞台でもやりきること。帯広農ナインがこだわってきたＪＫはいくつもある。

チーム全体では**守備位置への就き方**。前田監督の言葉も前述したが、先輩たちから受け継がれている。ショートの佐伯柊は言う。

「兄（・塁）が帯農にいたのでよく試合を観てたんですけど、他のチームと違ったのはフェアグラウンドの中を走らず芝の上を通って回って行くこと。初めは『なんでだろう?』と思ったんですけど、入学して『**フェアグラウンドを踏んでしまうとデコボコができてイレギュラーも起きやすい**』と聞いて納得したというか、すごいなと思いました」

守備位置に就いたら地面を手でならすのもイレギュラーを防ぐため。これは、佐伯の兄が3年生だったときに苦い思い出がある。18年夏の十勝支部予選・帯広大谷戦。3対2とリードした9回裏二死三塁の場面で、セカンドゴロがイレギュラーして同点に追いつかれ、延長戦で敗れたのだ。セカンドの橋本翔が次の日の野球ノートに「地面をならしていれば……」と書く悔やまれるプレーだった。佐伯は言う。

「**スパイク（足）でならすと細かいデコボコには気づかないんですけど、手でやることによって細かいところまでならすことができる。**手でならすようになってイレギュラーは減りました。普通のゴロを確実にアウトにできることが増えました」

キャッチャーの村中滉貴も目の前の地面を丁寧に手でならす習慣をつけた。

「入学したときは全然できてませんでした。ショートバウンドで変なほうに跳ねたエラー（捕逸）が何回もあって、『ならしとけばよかった』と。足でやるより、手でやったほうが完璧にならしたという安心感が出る。**地面への不安がなくなるので思いきって配球できます**」

帯広農のＪＫ16

ベンチの選手も全員で指さし確認をする

守備では、ピッチャーのワンバウンド投球をキャッチャーがはじいた場合、内野手はもちろん、ベンチの選手も全員が声を出すだけでなく指さし確認をする。捕手がボールを見失い、足もとにボールがあるのに相手走者に進塁を許すことがあるからだ。ピッチャーも務める水上は言う。

「**全員で指さしをすることで、練習でも試合でも、１球に対してみんながしっかり集中して打ち込めるようになった**と思います。**チームに一体感が出るというか、いい雰囲気になる。**チームワークがよくなったのかなと思います」

攻撃では四死球での出塁時にバットを一塁線に沿って丁寧に置くこと。公立校は最新の道具をそろえる余裕がない。道具を大切にしようという心から先輩たちが始めたが、実際にやってみるといろいろな気づきが生まれる。水上は言う。

「正直、する必要ないと思ったんです。三塁側ベンチだとバットボーイが遠いですし。でも実際、意識してやってみると、**自分の間を作ることができた**。あれで自分たちの流れに持っていけるというか、フォアボールでもチームに勢いを持って来れるようになったんじゃないかと思います」

井村はこんなことを言った。

「自分はフォアボールが好きじゃなくて、打ちたいタイプだったんですけど、その気持ちでランナーになったらけん制でアウトになることがあったんです。バットを置くようになってからは、一塁に行くまでに試合前に確認した**（走塁時に注意する）ピッチャーの特徴を意識できました**」

自然にできてしまう間ではなく、自分たちで作る間だからこそ、空間を支配できるのだ。

この他、キャプテンとして井村が大事にしたのは**情報共有**。1年生から試合に出ている井村はこのチームでもっとも経験がある。それをみんなに伝えることを意識してきた。

「農業高校で実習もある中で、練習時間が限られています。先生方に言われたことは一人ができてもチームとしてできなかったら練習の質が上がらないということ。1年生も含めて全体で徹底しないといけないと思いました。試合では、前の代から出ているメンバーと出ていないメンバーとでは意識の差があった。出ている人はワンバウンドのときの指さしができるけど、出ていない人はできない。そういうことを試合前に確認して、『**ベンチにいる人も指さしをしよう**』と言いました。外野のポジショニングを確認する声も、スコアラーなどベンチにいる人が中心になって全員で情報共有するようにしました」

一つひとつはたいしたことがないことかもしれない。中には、「こんなことをやって意味があるのか」と思うようなこともある。だが、**やる意味を理解し、TY＝続けてやる、徹底してやることができれば、必ず得られるものがある。**新たな気づきが自己肯定感を上げ、**「ここまでやっているチームは他にない」**という自信を生む。**JKを徹底することで弱者が戦うための心の準備ができるのだ。**

帯広農のＪＫ17

勇気を出してゆるい球を使う

２０２０年、交流試合。試合が始まっても、帯広農ナインはやってきたことをすべて出した。もっとも成果を見せたのが、健大高崎のエース・下に対する打撃だ。初回に佐伯がセンター前ヒットを放って初安打。２回表には一死から水上が四球で丁寧にバットを置いて一塁に出ると、菅結汰、村中がともにレフト前ヒットで続いて一死満塁。田中竜雅はライトフライに倒れるが、九番の谷口純也が詰まりながらもライト前にはじき返して２点を先制した。２回までの４安打のうち菅以外の３人は２年生。打ったのはいずれもストレート。村中、谷口は練習してきた内角ストレートを打ち返した。

「対策練習（１９６ページ）は楽しかったです。あの練習をしてきたから、『打てるかも』という心の余裕が生まれた。それで、２年生も積極的にいけたんじゃないかと思います」（井村）

「緊張して力んだ部分はあったんですけど、対策練習をオーバーにやったおかげで、打席で速いなとか、角度があるなとは思いませんでした。いつも通り、練習試合みたいな感じで打つことができました」（佐伯）

「マシンの球は伸びてきて、『これは打てないな』と思ったんですけど、試合になったら伸びてこなかった。どっちかというと遅いように見えて、タイミングも合わせやすくて打てました」（村中）

マシンでは１４０キロをゆうに超えるボールを打ってきたが、この日の下は不調。秋のようなキレのある球はなかった。ヒットを打ったときの球速は佐伯が１３５キロ、村中が１３１キロ、谷口が１３７キロ。角度もスピードも感じなかったことが好結果につながった。

1点差に迫られて迎えた3回表は走塁での準備（１９８ページ）が活きた。先頭の佐伯が打ったピッチャー前のボテボテのゴロが内野安打になり無死一塁。井村が三振して一死一塁となるが、四番・前田の2球目に佐伯がスタートした。捕手・戸丸秦吾の送球がセンターへ抜ける悪送球となって佐伯は三塁へ。直後の球でスクイズを成功させて1点を追加した。

「クセがわかっていたので、自信を持って走れました」（佐伯）

5安打を浴びて3失点の下は4回限りで降板したが、勢いに乗った帯農打線は5回表も谷口のライト前ヒット、西川健生の送りバントで築いた一死二塁のチャンスに佐伯がセンター前ヒットを放って1点を追加した。磨いてきた二塁から本塁への走塁タイムは、2回の菅が6秒81、5回の谷口が6秒95。練習でも7秒を切ることが少ない中、2人とも本番で最高のベースランニングをした。

守備では4失策と内野が乱れたものの、井村と水上が踏ん張る。井村が6回6安打1失点、水上が3回2安打4奪三振で無失点。健大高崎打線を1点のみに抑えた。2人の投球で光ったのが**90キロ台のゆるいカーブ**を使ったこと。井村が投じた初回の一番打者への第1球は93キロのカーブだった。この試合で井村は最速134キロ、最遅93キロで最大41キロ差、水上は最速135キロ、最遅93キロで最大42キロ差の緩急をつけている。井村は言う。

「(初回の)初球はまずゆるい球から入るのは前の日から決めてました。球も速くない、コントロールもあまりよくない。何で勝負できるかと考えたら、工夫するしかない。弱いなら弱いなりにどうするか考えました。**何か新しいことをやるよりは、自分ができることを最低限やっていこうと。**自分の場合はそれが変化球を使うことだったんです」

2回裏にこの日最速の134キロストレートを古滝友哉に三塁打された。八番の戸丸には128キロのストレートをレフトフェンス直撃の二塁打にされた。「自分のストレートでは通用しない」と思い知らされたことで、**より変化球を使う**ようにした。4回裏二死一、二塁で戸丸を迎えた場面では、「『スライダーがインコースに抜けて甘くなってる。それを狙え』という会話が聞こえたので、外にスライダーを投げたらひっかけてくれた」とサードゴロに打ち取った。大舞台でのピンチでも冷静さを失わなかった。

7回からマウンドに上がった水上も同様。毎イニング得点圏に走者を背負ったが、8回裏二死二塁では五番の途中出場・伊計清矢に対し、すべて変化球勝負。101キロのカーブ（ストライク）、94キロのカーブ（空振り）、117キロのスライダー（ボール）、96キロのカーブ（空振り）で三振を奪った。9回裏二死二塁では代打の仲祐太にカウント3－2となったあと、ストレートを2球ファウルされた8球目。97キロのカーブで空振りさせて三振で試合を締めくくった。捕手の村中は言う。

「カーブにタイミングが合ってなかったので多く使いました。今まではカーブはゆるいから打たれるという考えがあったんですけど、変えてみようと。自分がファウルを打ってほしいと思ってるときにカーブを投げたらファウルを打ってくれてカウントを稼ぐことができた。カーブをファウルさせたあとにスライダーで三振も取れた。思い通りにやることができました」

低めの変化球を要求すれば、必然的にワンバウンドの球が増える。村中は必死に止め、周りは全員で指さし確認をするのを忘れなかった。カーブを多投するのは前田監督の指示ではなく、バッテリーの判断。**ＪＫ＝自分たちで工夫**した頭脳的な投球だった。

帯広農のＪＫ18

笑顔で戦う

ここまでに紹介した以外にも、帯広農の選手たちは〝すず野球〟を体現した。「最後まで笑顔で帯農野球をやる」という目標通り、スマイルを忘れず試合を戦った。特に印象的だったのは井村と村中のバッテリー。ピンチでも楽しんでいるのが伝わる笑顔だった。

「楽しいから始めた野球なので。コロナで大会がなくなったり、悔しいこともあったけど、楽しんでやろうと。他のチームの試合を観ていると、暑くて笑っているピッチャーが少なかったので、笑顔でやるのは自分たちにしかできないことなんじゃないかという思いもありました」

そう話す井村の帽子のつばの裏には「笑顔」の文字。受ける捕手の村中も常に笑顔だった。

「返球のときも、あいつは毎回笑顔なんです。２年生が頑張って笑顔でやってくれてる。３年生として自分もしっかり笑顔を見せなきゃなと刺激を受けました」

先輩を癒し、励ました笑顔について、村中はこう言う。

「中学のときは先生が怖くて『ミスしたらどうしよう』と硬くなっていたんです。大会のときは毎回暗いと言われていました。高校に入って、硬くなってのミスをなくしたい、ピッチャーに暗いのがうつらないようにと笑うようにしました。ミスしたときに笑顔だと反省していないように見えるんですけど、やり続けていたらいい方向にいきました。甲子園や大会の緊張する場面でも、自然に笑顔ができるようになりました」

表情は誰のためにあるのか。それは、チームメイトのためだ。グラウンドの一番高いところにいるピッチャーの顔がひきつっていては、周りが不安になる。逆に言えば、**いつも通りの笑顔なら、みんなを安心させることができる。チームの中心選手だからこそ、見られていることを忘れてはいけない。**その意味で、井村が心がけていたことがある。**審判に対する態度**だ。井村が他の投手と違うのは、**ファウルなどのあとに審判からボールを受け取るとき。笑顔に加え、必ず両手で捕球するのだ。**帽子を取ったり、会釈をする投手はいるが、毎回両手で捕球する投手はなかなかいない。井村は言う。

「審判に謙虚な姿勢でいることはいつもやっていたことなので。僕は見てくれている人がいると思うと、気持ちが入るんです。**人間は誰かが見ていると思うときに、頑張ろうという気持ちになると**思う。それと、あれをやることで、周りには自分が落ち着いているように見えると思いました。見られている意識でやっていました」

投手を笑顔にさせる捕手の笑顔。チームメイトを落ち着かせるエースの笑顔。2人のスマイルがチーム全体を勇気づけた。

準備してきた策である「すず野球」を体現した帯広農ナイン。2020年交流試合を笑顔で戦い、健大高崎から殊勲の白星をあげた

帯広農のJK19

ベンチもスタンドも全員で帽子を取って謝罪する

もうひとつ、笑顔の他に、帯農ナインが終始落ち着いていたのがわかるシーンがある。それは、**相手に死球を与えてしまったとき**。多くのチームは投手とぶつけられた選手の近くにいるファーストが帽子を取って謝るが、帯広農は**試合に出ている選手に加え、ベンチにいる選手も全員が帽子を取って謝罪する**。この試合では6回裏に井村が先頭打者の四番・木川玲に当ててしまったが、ベンチに入れなかったスタンドにいる選手も全員が立ち上がって謝罪。誰もがチーム内での決まりごとを忘れていなかった。

「あれは、前に健大高崎と練習試合をやったとき、健大がやってたんです。『こういうチームが応援されるチームなのかな』と心に感じたので、自分たちもやろうとなりました」（井村）

北海道大会の準決勝でコールド負けしたチームと明治神宮大会の準優勝校。実力差は明らかだ。

勝てる可能性は低い。選手全員がそれをわかっていたからこそ、やるべきことに集中することができた。**準備してきた成果を出す、JKやチームの決めごとを徹底する……。勝ち負けではなく、今やるべきことは何なのか。今できることは何なのか。一見、野球に関係ないようなことでも、それさえ見失わなければ、自分たちのプレーができる。これこそ、弱者が強者に挑むうえで、忘れてはいけないことなのだ。**佐伯はこんなことを言っていた。

「フォアボールでバットを置いたり、デッドボールでスタンドの人も立って礼をしたり……。初めての甲子園で緊張はあったんですけど、**やると決めたことをやることで緊張がほぐれたし、自分たちのペースに持ってこれた**と思います」

すべて出しきった選手たちと同様、前田監督もやりきった。初回一死から佐伯がヒットで出ると、三番の井村の4球目にヒットエンドランを敢行。井村が空振りして盗塁失敗に終わったが、3回表に先頭打者の佐伯が内野安打で出塁すると、一死後、四番の前田の2球目に再び佐伯にスタートを切らせた。

「一回アウトになりましたけど、足を使って攻めるとか、けん制の見きわめとか練習してきたことを使わないで終わったら、一生後悔するだろうなと。『やっちゃえ、やっちゃえ』っていう感じでしたね」

捕手の戸丸の二塁送球が悪送球となって佐伯が三塁に進塁すると、直後の球でスクイズを指示。前田がうまくスライダーをピッチャー前に転がして追加点をもぎ取った。

「戸丸君はキャプテンだし、健大の中で一番目に力があったんです。いいキャッチャーだと聞いていましたし、投げることに自信があるんだろうと思ったので、そこが崩れたらなんとかなるんじゃないかなと。佐伯が二塁から三塁に走っている間にスクイズを出そうと決めました。戸丸君が『あーっ』となったときはチャンスだと思ったので、ここしかないかなと。ただ、僕はストレートを投げると思ったんですよ。そしたら変化球だった（笑）。（読みは）当たってないんですけど、前田がよく当ててくれました」

継投も6回1失点と好投していた井村から水上にスパッとスイッチ。井村が6月にわき腹を痛めていたこともあったが、「独自大会のときから非常に頑張ってくれてたので、最後は水上に託したいと思っていました」とわずか71球でも迷わず代えたことが好結果につながった。**思ったことをとにかくやってみる。監督自身もやるべきことに集中した**結果が、4対1の勝利だった。

甲子園に初めて流れる帯広農の校歌を聞き、感動で胸がいっぱいになった。応援席へのあいさつも終わり、余韻にふけっていたところ、さらに思わぬ出来事があった。審判団の責任者が、前田監督のもとへやってきてこんな声をかけてくれたのだ。

「ナイスゲームだった。ボールボーイも一生懸命やっていて最高だった。全力疾走、ボールを持ってくるタイミング、両手で渡す渡し方……。スタンドの選手の観戦している態度や選手たちのグラウンドでの立ち振る舞いもよかった。今大会ナンバーワンだ」

前田監督の目指していた〝**甲子園にふさわしいチーム**〟だと認められた瞬間だった。

「ボールボーイの一人だった2年生の武藤（大斗）は、北北海道の独自大会ではベンチ入りしていたんです。甲子園では外したのに、そうやってくれた。ほめられてすごく感慨深かったですね。デッドボールのときにスタンドの選手も謝ったのは、僕も知らなかった。あとから聞いて知ったんですが、そうやって自分たちで、行動で示したことがうれしいですよね。きちっとやろうと思ってないとできませんから」

帯広農のＪＫ20

期限を設けて覚悟を決める

監督の思っている以上に選手たちが成長したとき、夢は実現する。

実は、前田監督は帯広農に来てからも、一度、甲子園をあきらめかけたことがある。倶知安に家族を残して単身赴任。帯広に移るにあたり、「5年で甲子園出場」と目標を立てたが、16年秋は江陵に5対7、17年春は帯広工に6対8と十勝地区の初戦で敗退。17年夏は十勝地区の代表決定戦まで進むも、江陵に10対12とサヨナラで敗れた。

思うように結果が出ず、奥さんについ弱音を吐いてしまった。

「来て、2年目ぐらいですかね。なかなか厳しいなと。それで、『甲子園っていうけど、大変なんだぞ。5年と言ってたけど、7年ぐらいかかるかも……』という話をしたら、『何言ってんの』と（苦笑）。『5年で甲子園と言って帯広に来たのに、何で5年もたたないうちから7年に延ばそうとするのよ。5年きちっとやってから、次を決めたほうがいいんでないかい』と。それで、5年は思いきりやろうと思いましたね」

結果的には、これがいい薬になった。JK＝自覚と覚悟ができたことで肚が決まったのだ。何でもやってみようと積極的に動いた結果、宣言通りの5年目、帯広農にとって学校創立100周年の記念の年に目標が達成された。

「いつか甲子園に」と言っても、そのいつかは永遠にやってこない。人は、期限を決めることで行動が変わる。行動が変われば、結果も変わるのだ。

…………………………………………………………………

最後に、帯広農野球部にとって、JKとは何なのか。取り組んでみて感じたことは何なのだろうか。井村はこう言った。

「**小さなことの積み重ねが大きな勝利につながる。**小さなことを続けることに意味があると思いました。僕たちはやり続けた結果が実際に出た。これからの人生でも自信になることだと思います。人の心を動かすのは簡単なことではないですけど、チャレンジすることはできます。その心を持って、これからも立ち向かっていきます」

地道にコツコツ、続けてやる。信じてやり続けた人だけが、大輪の花を咲かせることができる。

帯広農のＪＫ効果

- 自分たちのプレーができる
- 積み重ねると大きな勝利につながる
- 人生の自信になる

帯広農監督

前田康晴

まえだ・やすはる

1976年2月生まれ。北海道夕張郡由仁町出身。大麻高－酪農学園大。高校時代は遊撃手。3年時に主将。99年に帯広農に赴任し、2年目から野球部第3顧問。04年に倶知安農に転任し10月に野球部監督に。16年4月に帯広農に戻り、秋より監督。21世紀枠で2020年のセンバツ出場権を獲得し、同年夏の交流試合で健大高崎を下す殊勲をあげた。

第6章
マネジャーのJK

「チームの顔」のＪＫ

「チームの顔」のＪＫ１

何のために飲み物を出すのかを考える

ふいても、ふいても、汗が噴き出してくる。夏真っ盛りの7月のことだった。ある大学を取材で訪れた。校門まではタクシーで行ったが、キャンパス内は広い。歩いて事務室にたどりつくまでの間に汗でびっしょりになった。

受付で要件を伝え、取材相手である野球部の監督を呼び出してもらう。応接室で待機していると、事務の女性が飲み物を持ってきてくれた。冷房の効いた部屋に入っても、まだ汗が流れてくる状態。「ありがたいなぁ」と思ったのもつかの間、その思いは消え去った。なぜなら、その飲み物からは湯気が出ていたからだ。

女性が持ってきてくれたのは、温かいお茶だった。さすがに言葉には出さなかったが（顔には出ていたかも）、「汗ダラダラでタオルで汗をふいているのに、なぜ熱いお茶？」と思ったのを覚えている。

ある高校に取材で3日間通ったときは、こんなこともあった。単純に好みの問題なのだが、筆者は種類を問わず温かい飲み物が好きではない。コーヒーなら冬でもアイスコーヒーを飲むし、お茶なら冷たいお茶を飲む。その高校に行ったのは2月。当然のことながら、事務員の女性が持ってきてくれたのは熱いお茶だった。

寒い冬だから、温かい飲み物を出す。何の問題もない。だが、それが、3日間、しかも1時間おきにくり返されるとなると話は別だ。監督には長時間の取材をお願いしており、応接室で1日4時間も話してもらった。定期的にお茶を交換に来てくれるのはありがたいのだが、筆者は温かい飲み物は飲まないため、一滴も飲んでいない。運んできたときと同じ量のまま、冷めたお茶が残っていることになる。それでも、その女性は3日間、最後まで同じように温かいお茶を運び続けたのだ。お茶がまったく減っていないことに気づかなかったのかもしれない。何の疑問も持たなかったのかもしれない。あるいは、ただ単に面倒くさかっただけかもしれない。こちらが「飲まないから出さなくていいですよ」と言えばよかったのだろうが、どこまで続くか観察していたら、最後まで同じことがくり返された。客に飲み物を要求する権利はないが、人には好みがある。2日目からは、自分で冷たい飲み物を持っていって飲んだ。

ここまでの例を読んで、「客のくせに偉そうに」と思う人が大半だろう。「事務員の女性は善意で飲み物を出してくれているんだ。出されたものを飲むのが礼儀だろう」。まったくその通り。反論するつもりはない。だが、言えるのは**「何のために飲み物を出すのか」**という本質を考えるのが大事だということだ。

それを理解してもらうために、次の例を紹介したい。かなり昔に**仙台育英**に行ったときのこと。バックネット裏の監督室に入ると、待機していた男子マネジャーが寄ってきて、メニュー表とともに「お飲み物は何にしますか？」と訊いてくれた。メニュー表にはコーヒー、お茶、スポーツドリンク、健康ドリンクなどが書かれていたが、ふと壁を見ると『ヱビスあります』というポスターが貼られていることに気がついた。

「おっ、ヱビスあるの？　ヱビスちょうだい」

そう言うと、彼は笑顔でこう答えた。

「ただいま、切らしておりまして……」

そう、ここは高校。初めからヱビスは置いていない。ギャグで貼ってあるだけなのだ。当時チームを率いていたのは、佐々木順一朗監督（現学法石川監督）。ユニークな人柄が溢れている〝ネタ〟だった。メニュー表があるだけでも親切なのに、ネタまである。

到着してすぐ、そんなやりとりがあるだけで**自然と会話が弾む。笑顔が生まれる。初対面でも一気に距離が縮まる。ほんの少しのことで、その場の雰囲気がよくなる**のだ。お互いの気分がよくなれば、その後の取材も話が盛り上がりやすい。これが会社なら、商談の話もスムーズに進めることができるだろう。

「チームの顔」のJK2

少しの工夫で人の心を動かす

飲み物を出すのは、サービスでなければ義務でもない。飲み物を飲んでほしいからでもない。では、なぜやるのかといったら、相手への気遣いに加え、よい空気を作るため。**その場をよい雰囲気にするため**なのだ。

学校や会社を訪れる場合、いきなり目的の人物と会えることは少ない。どこかで待機し、目的の人物の到着を待つことが大半だ。そのとき、最初に対応するのが事務員。野球部ならマネジャー。訪れた人にとっては、彼ら、彼女らの対応がその会社や学校の**第一印象**になる。それだけ重要な役割を担っているのだ。

あいさつと同様、**どうせ同じことをやるのなら、相手に気分よくなってもらったほうがいい。**たいして労力が変わらないのであれば、**少し手間をかけたり、工夫したりしたほうがいい。それ**

だけで相手の印象は想像以上に変わるのだ。まして、ここに力を入れている人は少ない。たいていの人は、夏は冷たいもの、冬は温かいものを出せばいいと思っている。頭を使わず、観察しようともせず、決まりきった作業をくり返しているだけなのだ。

頭を使わないでやるのは〝作業〟。教えられたことをマニュアル通りにやるだけでいい。**頭を使ってやるのが〝仕事〟。お客さんの気持ちに自分の気持ちを寄り添わせてみること。常に前回より改善しようとすること。ちょっとした工夫で、人の気持ちは大きく変わる。**

そう思うようになったあるときから、講演会などを通じてマネジャーたちにこのことを伝えるようになった。驚いたのは、面倒くさいことのはずなのに、話を聞いたあと、すすんで取り組むマネジャーばかりだったこと。水を得た魚のようにイキイキし、チームによっては選手よりもマネジャーのほうが、やる気になった例も少なくない。

ときには、こちらがびっくりするようなアイデアを出してくれるマネジャーもいる。それが、どんなものなのか。具体例とともに紹介していきたい。

「チームの顔」のJK3

手書きのメッセージを書く

マネジャーたちにまず初めに提案したのが、飲み物の出し方だった。多くの場合、マグカップや湯飲みなどに入れて出すが、それだと何の印象も残らない。そこで、**紙コップに入れて出すこと**を勧めた。なぜ、紙コップなのか。飲み終わったら捨てることができ、洗い物をする手間が省けるからではない。それは、マネジャー目線。**考えるのはあくまでお客様目線だ。**

紙だからこそできること。逆に言えば、紙でしかできないこと。それは、文字を書けるということ。**紙コップだと、メッセージを書くことができる。**誰もがスマートフォンを持ち、メールやラインで連絡を取り合う時代。手書きだからこそ伝えられるものがある。

中京大中京でマネジャーをしていた加藤砂羅さんはこう言っていた。

「私はスターバックスによく行くのですが、メッセージが書かれていることもあり、私の部屋に飾ってあります。もらったときはとてもうれしくて、心温まるものでした。身近にもヒントがたくさんあるんだと思いました」

ただ、せっかくメッセージを書くのなら、相手に伝わるように書いたほうがいい。例えば、『本日は遠くから来ていただき、ありがとうございます。暑い中ですが、熱中症に気をつけてください。よろしくお願いします』というメッセージはどうだろうか。悪くはないが、よくもない。なぜなら、誰にでもあてはまることしか書いていないからだ。これだと作り置きができる。それでは、相手に気持ちは伝わらない。〝仕事〟ではなく、〝作業〟になってしまっているからだ。

「チームの顔」のＪＫ４

相手のことを事前に知る

相手に伝わるメッセージにするにはどうすればよいか。それは、ＪＫをすること。練習試合で相手校が来てくれる場合、どこの学校かは事前にわかっている。監督や部長など必ず来るであろう人については、事前に自分のチームの指導者に聞き、名前やどんな人かを取材できる。また、有名校や有名監督であればスマホで検索し、調べることもできる。そうやって得た情報をもとに、メッセージを書くのだ。

もちろん、**『〇〇さんへ』と名前が入っているほうが喜ばれる。**相手がプロ野球のスカウトであれば、選手時代の成績を調べたり、動画サイトで現役時代のプレーを見たりすることができる。その感想を書けば、「何で知ってるの？」とさらに喜ばれること間違いなしだ（この方法でスカウトに気に入られ、巨人の坂本勇人のサインをゲットしたマネジャーがいる）。誰だって、自分のためだけに書いてくれたものだとわかれば、うれしくなるものだ。

スポーツメーカーの人やOBの人など頻繁に来る人であれば、**前回来たときに話したことや出来事を書けば、「覚えていてくれているんだ」と喜んでもらえる。**さらに、**飲み物の好みまで覚えているとより喜ばれる。**コーヒーなら、ブラックで飲むのか、ミルクだけ入れるのか、ミルクとガムシロップ（砂糖）の両方を入れるのか。砂糖なら、どれぐらい入れるのか。片づけるときや話をしたときにチェックしてメモをしておき、二度目以降は相手の好みの状態で出すことができれば、感激されるだろう。

「チームの顔」のJK5

続けることでさらに工夫する

もらう側として助かるのは、メッセージに「遠慮せず声をかけてください」というひとことが入っていること。夏の暑い日などは、すぐに飲み物がなくなってしまうので**『飲み物をたくさん準備しています。いつでもおかわりをお持ちします』と書いてくれていると声をかけやすくなる。**もう一杯飲みたいけれど、「ずうずうしいかな……」と遠慮している人もいるのだ。

花粉症でティッシュが必要なとき、「ポケットティッシュは予備が何個もあるので、無くなり次第、気軽に声をかけていただければわたします!!」（**富島**高校）と書いてあったのはありがたかった。

メッセージの最後にマネジャー自身の名前が書いてあると、より声をかけやすくなる。呼ばれるほうも、「マネジャーさん」と言われるより、「○○さん」と名前で呼んでもらったほうがうれしいはずだ。

相手に気持ちが伝わると、どんなことが起こるか。メッセージを読んで感激した人は、紙コップを持ち帰ってくれる。飲み終わったらただのゴミでしかなかった紙コップが、おみやげになり、記念の物になる。捨てられない、特別なものに変わるのだ。**弘前学院聖愛**でマネジャーを務めた平山遥菜さんはこう言っていた。

「マネジャーはお客さんにとってはチームの顔という気持ちで、丁寧に心を込めてメッセージを書きました。すると、『メッセージありがとう。今日はあなたのために頑張るよ』という言葉をもらったり、『さすが聖愛だね』とほめられたり、うれしいことばかり起きました。そのメッセージが会話につながったりして、紙コップってすごいなと思いました」

富島が18年のセンバツ、19年の夏の甲子園に出場したときにマネジャーだった黒木麻矢さんはこんな話をしてくれた。

「取材に来てくれた方が、一回帰ったあとに『紙コップを忘れた』と取りに戻ってきてくれたことがありました。あとは、『やっぱり、甲子園に出るチームは違うね』と言われることが多かったです」

また、**神港橋**のマネジャー・林梨乃さんはこんな経験をしたそうだ。

「メッセージつきの紙コップを渡したら、お礼のメッセージつきで返してくださった審判の方がいました。今までそういったことをしてもらったことがなかったので、とてもうれしかったし、胸がほっこりしました。**相手のことを考えた少しの気遣いだけで、相手は喜んでくれる**ということに改めて気づきました」

もちろん、どんなに心を込めてメッセージを書いたとしても、何の反応もしない人もいる。だからといって、「せっかく書いたのに……」と腹を立ててはいけない。世の中には、何も感じない人もいるからだ。もしその人が指導者だったら……。「あんな人に教わっているなんてかわいそう」と思えばいい。その人は技術を教えることはできても、心は教えられない人だからだ。ちなみに、メッセージに気づかない、反応しない人は、普段、自分のチームのマネジャーに何か頼んでやってもらっても、お礼を言わない人が多い。

講演会でこのような話をしたり、ツイッター（@tajikenjikty）で、全国各地でもらったメッセージつきの紙コップを紹介したりしているうちに、いろいろな変化が起こるようになった。

紙コップ以外のものにも、メッセージを書いてくれるマネジャーが多くなったのだ。おみやげを包む包装紙やおみやげの袋、ポケットティッシュの袋、カイロの袋、マスクの袋……。文字を書けるものになら何にでも書いてくれるようになった。うちわの上に白い紙を貼ってメッセージを書いてくれた（裏には似顔絵も描いてくれた）こともあれば、ペットボトルのラベルを付け替えてメッセージつきの紙が巻かれていることもあった。「紙コップのメッセージが書いてある部分には口をつけづらいだろう」とわざわざコップを二重にしてくれていることもあった。**他の学校の〝作品〟をＪＫして、同じにならないように工夫**してくれるのだ。

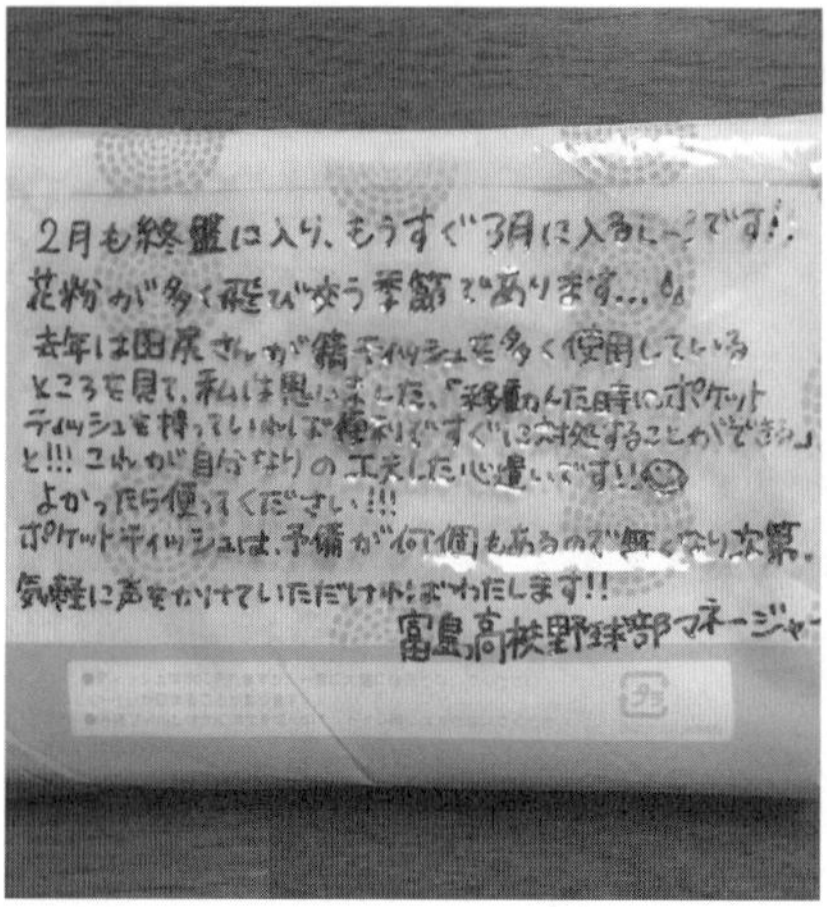

富島マネジャーが用意したメッセージ入りのポケットティッシュと紙コップ

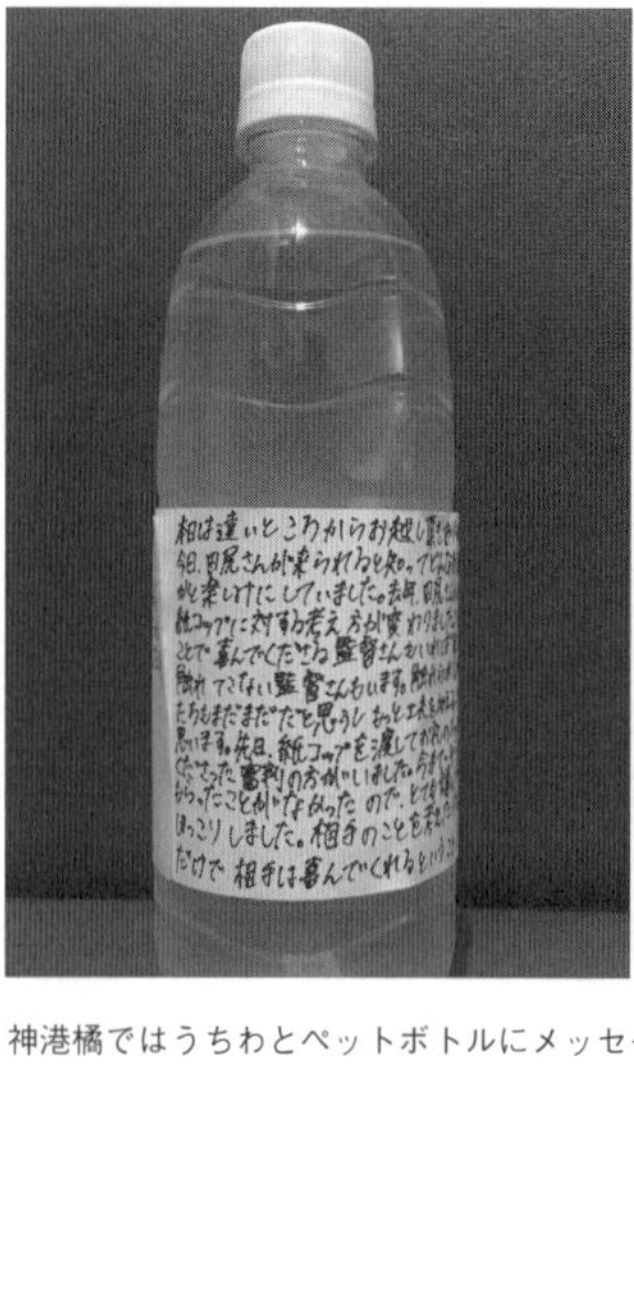

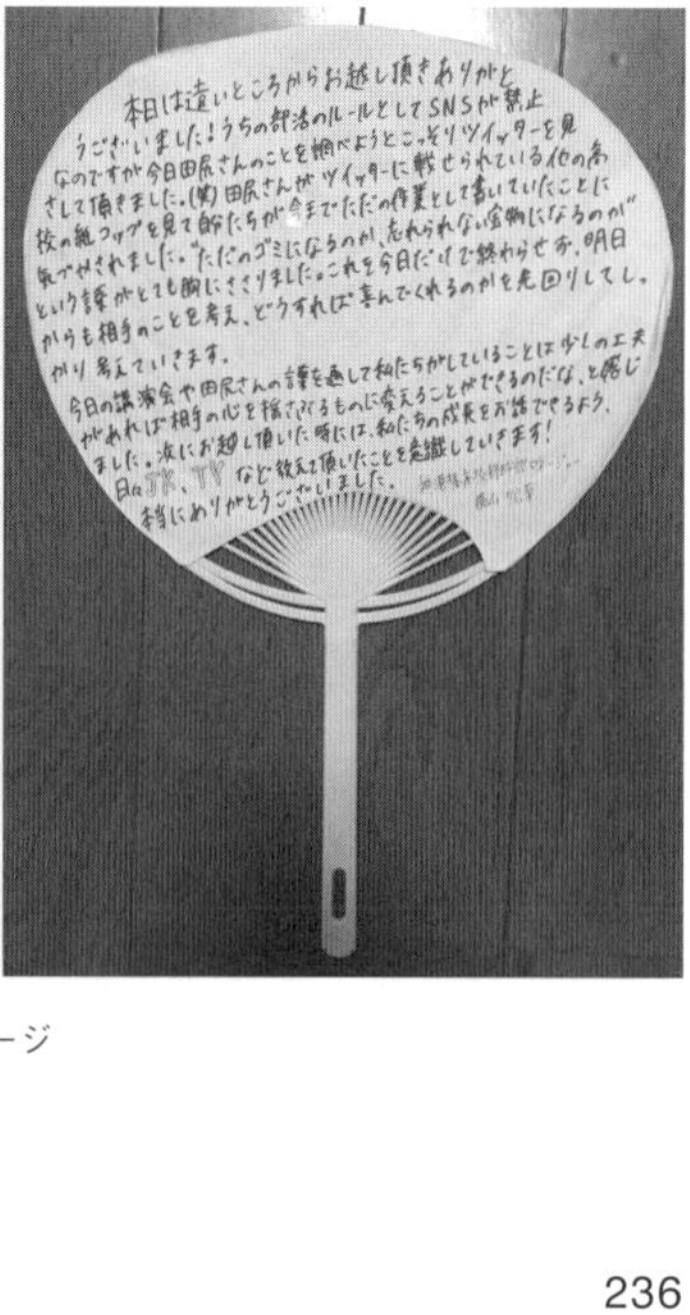

神港橘ではうちわとペットボトルにメッセージ

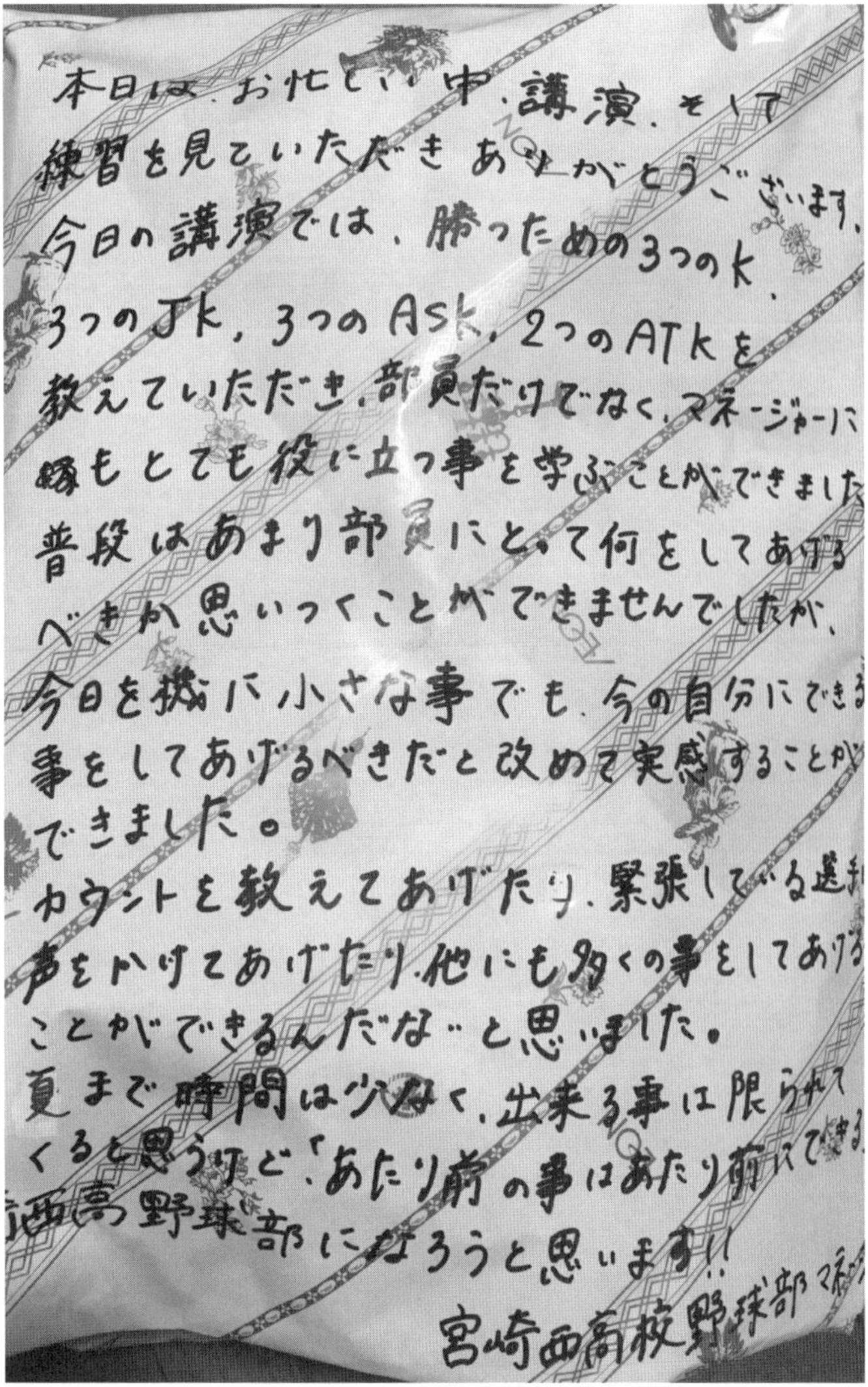

本日は、お忙しい中、講演、そして
練習を見ていただきありがとうございます。
今日の講演では、勝つための3つのK、
3つのJK、3つのASK、2つのATKを
教えていただき、部員だけでなく、マネージャーに
もとても役に立つ事を学ぶことができました
普段はあまり部員にとって何をしてあげる
べきか思いつくことができませんでしたが、
今日を機に小さな事でも、今の自分にできる
事をしてあげるべきだと改めて実感することが
できました。
カウントを教えてあげたり、緊張している選手
声をかけてあげたり、他にも多くの事をしてあげる
ことができるんだなーと思いました。
夏まで時間は少なく、出来る事は限られて
くると思うけど「あたり前の事はあたり前にできる
西高野球部
になろうと思います!!
宮崎西高校野球部マネ

包装紙にびっしり文字を書いたのは宮崎西

メッセージの内容にも変化が出てきた。講演会終了後に感想が書いてあるのは当たり前。よく行く学校では前回訪問時からの変化や活動内容、チームの現状を報告してくれているものもあった。その他にも、なぞかけの問題、天気予報、最高気温と最低気温の情報、帰りの電車の時刻表、周辺の観光情報（もみじ情報）、おすすめの飲食店の情報……。

掛川西に行った際は、筆者と大石卓哉監督が静岡名物『さわやか』のハンバーグを食べに行く話をしているのを聞き、『さわやか』に詳しいマネジャーの落合れいのさんが、ハンバーグの種類や焼き加減、おすすめの食べ方を伝授してくれた。ちなみに「オススメのソースはもちろんオニオンソースです！」とのこと。

富島のマネジャーは帰りがけにメッセージの他に、みんなでお金を出し合ってプリンなどのスイーツをプレゼントしてくれた。

帯広農のマネジャーはサプライズで誕生日のメッセージカードとフルーツサンドをプレゼントしてくれた。もちろん、両校とも筆者がスイーツ好きなのをＪＫしての行動。どちらも寒い冬の日だったが、心が温まった。このように、いろいろな工夫をしてくれるマネジャーたちが増え、今では「次はどんなメッセージに出会えるのだろう」とこちらが楽しみになっている。

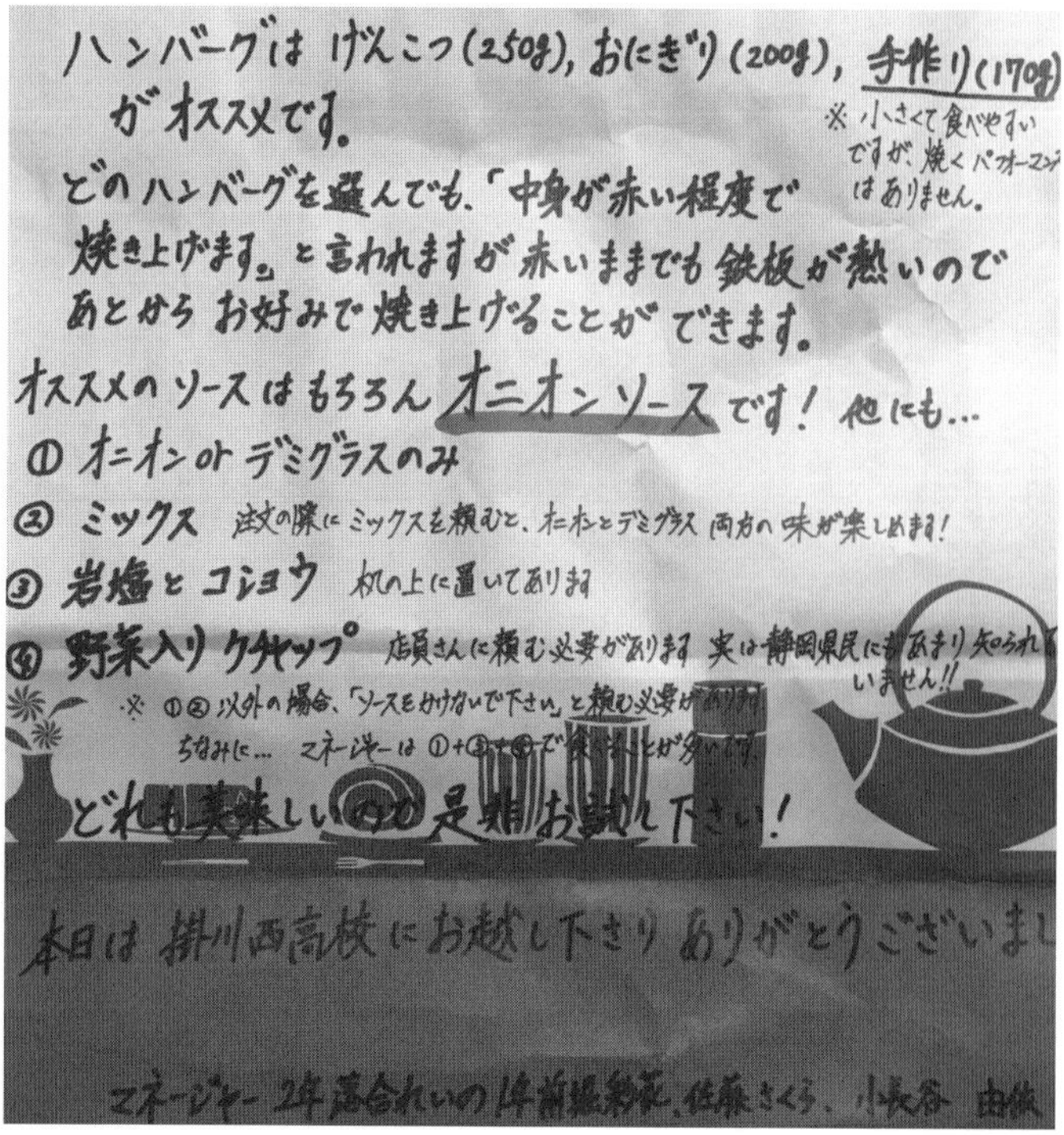

ハンバーグは げんこつ(250g), おにぎり(200g), 手作り(170g)
がオススメです。
※小さくて食べやすいですが、焼くパフォーマン
はありません。

どのハンバーグを選んでも「中身が赤い程度で焼き上げます。」と言われますが赤いままでも鉄板が熱いのであとからお好みで焼き上げることができます。

オススメのソースはもちろんオニオンソースです! 他にも…
① オニオンorデミグラスのみ
② ミックス 注文の際にミックスを頼むと、オニオンとデミグラス両方の味が楽しめます!
③ 岩塩とコショウ 机の上に置いてあります
④ 野菜入りケチャップ 店員さんに頼む必要があります 実は静岡県民にもあまり知られていません!!
どれも美味しいので是非お試し下さい!

本日は掛川西高校にお越し下さりありがとうございまし

掛川西マネジャーは、おすすめのハンバーグについて詳しく紹介

「チームの顔」のＪＫ６

飲み物のメニュー表を作る

飲み物のメニュー表を作るようになった学校も増えてきた。

もっとも印象に残っているのは**宮崎南**のメニュー。添田宴子さん、中馬実優さん、岩瀬歩未さんで考えたというメニューは小さな黒板にチョークでメニューが書いてある。白いチョークだけでなく、赤や青、黄色のチョークも使っておしゃれに仕上がっており、まるでカフェに来たみたいな気分になる（カラーでお見せできず、残念！）。抹茶ラテをいただいたが、ここが学校のグラウンドであることを忘れるぐらいおいしかった。中馬さんは言う。

「メッセージを書いた紙コップは継続していましたが、他にもできることはないかとマネジャーで話し合って作りました。来てくださった人が喜んでくれたり、おもしろいと言ってくれたりしています。それがとてもうれしくて、『**もっと何かしたい**』とやる気が上がりました」

見ているだけでカフェにいるかのようなくつろいだ気分になる、
黒板に書かれた宮崎南のメニュー

ちなみに、メニューを用意し、相手に選択肢を与えることはマネジャーにとってもよいことがある。人間には「いくつかの選択肢から自分で選びとりたい」とか「他人にすべて決められるのはイヤだ」という心理がある。例えば、差し入れに飲み物をもらったときを考えてみてほしい。全員が同じスポーツドリンクだったらどうだろうか。「もう少し気を配ってくれれば最高なのにな」と思う人が必ず出てくる。複数の種類、複数の味のスポーツドリンクだったり、カルピスだったり、オーエスワンがあったりしたほうが、もらうほうもテンションが上がるというものだ。

そうはいっても、何十種類も用意する必要はない。人間は選択肢が6つ以上になると選ぶのに困るというデータがある。せいぜい3種類から5種類用意しておけばOK。**人に何かしてあげるときは複数の選択肢を用意しておくこと。たったこれだけの気配りで、印象はよくなる**のだ（参考文献・内藤誼人『自分の印象が「こわいくらい」変わるビジネス心理術』）。ちょっと**JK＝準備を工夫する**だけでマネジャー自身はもちろん、チームの印象もよくすることができる。

「チームの顔」のＪＫ７

「作業」ではなく「仕事」をする

こちらを驚かせ、楽しませてくれるマネジャーたちに共通しているのが、自分も楽しんでいること。「やらなければいけない」という義務ではなく、やりたくてやっている。筆者のツイッターで他の学校の例を見て、「他の学校の子たちとかぶりたくない」と必死になって考えている。そうやって**作業ではなく、仕事になっていることが、想像を超えるアイデアを生み出すことにつながっている。**

宮崎南のマネジャーたちは、『**ＭＧＪＫ**』（マネジャーＪＫ）と題してマネジャーとしての月間目標を設定していた。２４５ページの写真を見てわかるように『**自分から行動する**』『**弱点克服**』『**常識を超える**』などすべてＪＫを頭文字にした目標になっている。考えれば考えるほど、アイデアもやるべきことも浮かんでくるのだ。

ＪＫ＝自分で考え、工夫する習慣がつけば、今まで気づかなかったことに気づくようになる。決まった仕事をこなすのではなく、自分で仕事を見つけて動けるようになる。指導者や部員に「あれやっといて」と言われたときに、「もう終わっています」と言えるようになるために。地道にコツコツやり続けることが成長につながるのだ。

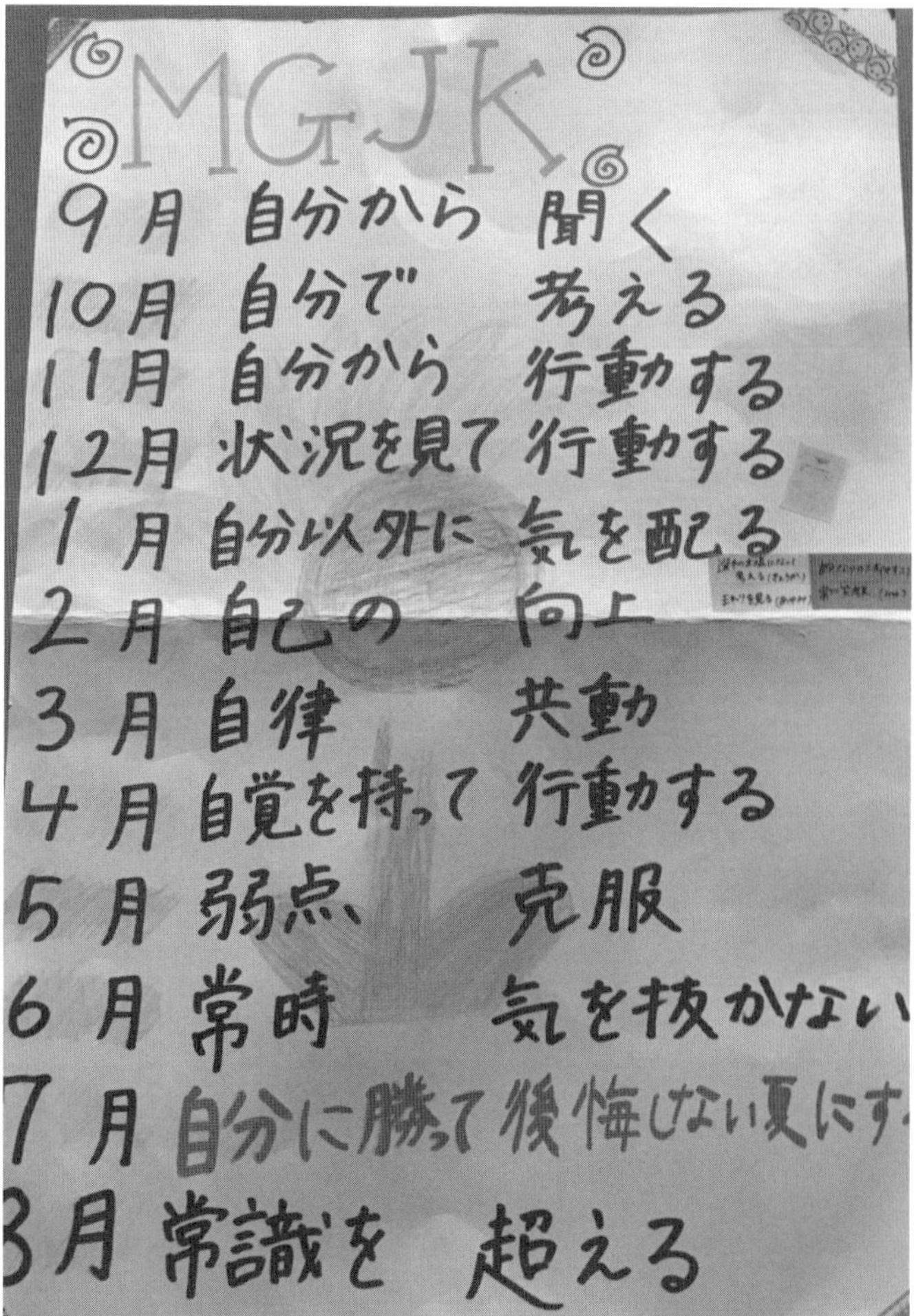
MGJK
9月 自分から 聞く
10月 自分で 考える
11月 自分から 行動する
12月 状況を見て 行動する
1月 自分以外に 気を配る
2月 自己の 向上
3月 自律 共動
4月 自覚を持って 行動する
5月 弱点、克服
6月 常時 気を抜かない
7月 自分に勝って 後悔しない夏にす
月 常識を 超える

宮崎南では『ＭＧＪＫ』として、マネジャーの月間目標を作っている

帯広農、掛川西、中京大中京マネジャーのＪＫ

帯広農マネジャー。左から田中紫悠さん、戸草心里さん、井上栞さん

掛川西マネジャー。左から佐藤さくらさん、小長谷由依さん、前堀彩花さん

中京大中京マネジャー。後列左から工藤七実さん、平田沙椰さん、阿部夕佳さん、前列左から川西日向さん、川上乃々華さん

帯広農マネジャーのＪＫ１

うがい用のコップ、お手ふき用のタオルを用意する

全国で多くの学校が頑張ってくれているが、もっとも長くＪＫを続けてくれているのが**帯広農**だ。紙コップにメッセージを書き始めたのは阿部和加奈さん。全国で紙コップのことを紹介し始めて、もっとも丁寧に、そして気持ちが伝わるメッセージを初めて書いてくれたのが彼女だった。紙コップを〝進化〟させたのも阿部さん。筆者が頻繁に手洗いやうがいをしているのを見て、**飲み物用とは別にうがい用の紙コップ、お手ふき用のタオルを用意**してくれたのだ。**観察して、何ができるかを考えてくれての行動。**気づく力がどんどん成長していった。

帯広農マネジャーのＪＫ２

どうしたら喜ばれるか考える

たった一人のマネジャーだった阿部さんが19年春に卒業。翌年度はマネジャーが入部せず、いなくなってしまったが、秋の大会後に前田康晴監督が、卓球部に所属していた戸草心里さんを勧誘。11月に入部し、帯農のマネジャーによる紙コップメッセージは受け継がれた。とはいえ、阿部先輩の姿を見たわけではない。手探りでのスタートだった。戸草さんは言う。

「最初はお客さんへの対応や取り組みなどわかりませんでした。1年生の冬に講演で『**工夫が何より大事**』と聞いて、私は（メッセージを）書いているだけだったなと。そこから書く内容を変えたり、アレンジしたり、頑張ろうと思いました。続けていると、帰りがけにマネジャー室に寄って『すごかったね』と言ってくれる人も出てきました。そのうちに、**どうやったら喜んでくれるか**とか、ちょっとびっくりしてくれるかなとか、考えながらやるのが楽しくなってきました。

考えるのに、朝1時間ぐらいかかることもあるんですけど、相手のことを考えて、どう喜んでくれるか考えるのはすごく楽しかったです」

帯広農マネジャーのJK3

コップの底にメッセージを書く

戸草さんの一年後輩の田中紫悠さんは中学時代ソフトボール部。「高校に入ったらマネジャーをやろう」と野球部を見て高校を選んだが、入学直後はコロナのために活動が停止。入部後は先輩を真似してメッセージを書いてはいたものの、本当の目的まではわかっていなかったという。

「初めは流れ作業でした。ときどき練習試合で来る先生で（紙コップの）写真を撮ってくれる人がいたんですけど、その先生にも毎回同じ書き方でした。工夫していれば、もっと喜んでくれただろうなと。それで田尻さんのツイッターで他の学校の人がやっているのを見たら、自分たちがどれだけレベルが低いかわかったんです。他の高校の人たちはこんなことをしている。自分たちが負けないようにするにはどうしようと考えました。負けたくないです！」

田中さんが考えた中で、もっとも驚かされたのが透明のプラスチック製のコップを使ったもの。

ボール型にデザインした紙にメッセージが書かれて貼られている。と思ったら、大間違いだった。アイスコーヒーを最後まで飲みきってみると……なんと、**コップの底にこんなメッセージが書かれていた**のだ（253ページ写真）。

『飲んだ底にメッセージがあったらいいんじゃないかなって考えました‼　見えにくい所にあるものを発見したらすこしでも嬉しい気持ちになるのでは無いかなって思いました☺』

透明であることを利用した素晴らしいアイデア。想像もしていなかった筆者は危うく見落とすところだった。

「コップの底にメッセージがあったら、最後まで飲みきったときに、もしかしたら気づいてくれるかもしれないと思って。田尻さんに挑戦してみようと思いました」

帯広農はこの他にも、しかけがたくさん。**ペットボトルのラベルの中にメッセージ**が隠されていた（ぎゅうぎゅうに詰めてある）ときも一瞬では見抜けなかったが、素直に脱帽せざるをえなかったのが、カイロにあったメッセージ。**カイロの袋に書いてあるメッセージがJK**になっているだけでも工夫がわかるが、それで驚いていてはいけない。いつも通り封を開けてみると、なんと、**中からメッセージカード**が出てきたのだ。跡が残らないように一度封を開け、わからないようにのりづけしたのだという。ここまでくると、マネジャーの仕事を通り越して〝達人〟の域だ。

考えること、工夫することに限界はないのだと教えられた。

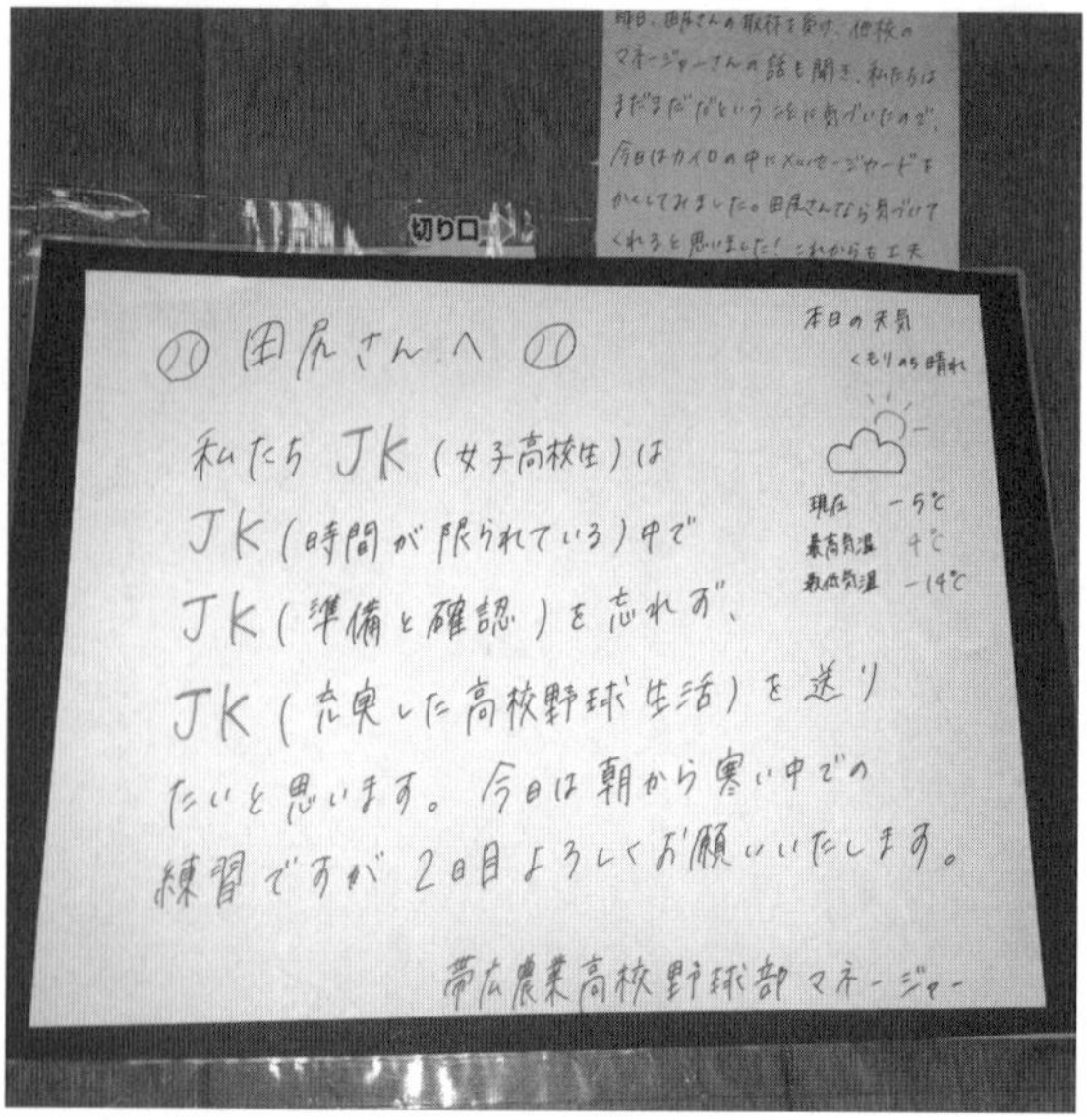

カイロの袋に書いたＪＫメッセージ。袋の中にはさらにメモ（右上）が隠されている

帯広農では多くの工夫が。コップにはメッセージ

飲み干してみるとコップの底に言葉が!

帯広農マネジャーのＪＫ４

相手のことを考えて行動する

マネジャーとして、日々メッセージを書くなど、相手のことを考えて行動することが増えたことで、普段の行動も変わってくる。田中さんがラーメン屋に行ったときの話をしてくれた。

「友達とザンギ（北海道でいう鶏のからあげ）を食べたんですけど、お腹いっぱいすぎて残しちゃったんです。作った人の気持ちを考えると本当に申し訳ないですよね。そういうとき、小さい頃は、『すいません』という気持ちはあっても、言うのは恥ずかしくてそのまま帰ってました。でも、そのときはペンとメモ帳があったので、『お腹いっぱいで残しちゃったけど、おいしかったです』と感想を書いて机に置いたんです。そうしたら、店員さんが気づいてくれて『わざわざ書いてくれてありがとう。また来てください』と言ってくれた。うれしかったです」

マネジャーとして、普段から選手の補食を作っている。作る側の気持ちがわかるから、そのままにできなかったのだ。

帯広農の補食といえば、第5章で前田康晴監督が言っていたように生徒が育てた野菜やじゃがいもを使ったボリューム満点のもの。それを作るのがマネジャーの仕事だ。マネジャーが戸草さん一人のときは、卵かけごはんだけの日やごはんとみそ汁だけの日もあったが、人数が増え、メニューも量も格段に進化した。今は丼ものに加えて、汁ものも常に提供される。チャーハン、カレーライス、ハヤシライス、三食丼、麻婆丼、親子丼、中華丼、炊き込みご飯……。これにみそ汁や豚汁、スープがつくのだ。種類も量も豊富で、選手たちは補食の時間を楽しみにするようになった。

「練習後に選手が『おいしい』とか『あのメニューが好き』とか言ってくれたり、練習前に『今日の補食何？』と訊いてくれたりするんです。選手が楽しみにしてくれてるんだと思ったら、もっと挑戦しようかと思いました。選手の体重が増えているのでうれしいです」

選手からの感謝の言葉が、もっと頑張ろうと思う原動力になると戸草さんは言う。

「おにぎりは、前までは塩おにぎりだけだったのをほんだしを使ったおにぎりも作るようになったんです。工夫して『こっちのほうがおいしかった』とか気づいてくれたときに、やってよかったなと思いますね」

田中さんはこんなことを言っていた。

「おにぎりは毎日作るんですけど、1日目は『ありがとう』と言ってもらえるのが普通だと思ったんです。でも、毎日続けて言ってくれる人は限られた人だとわかって、『ありがとう』と言われるのは当たり前じゃないんだな、うれしいなと思いました」

ありがとうの反対は当たり前。人間はたまにしかないことには感謝するが、毎日あることは当たり前になってしまう。有り難いことに気づかなくなってしまうのだ。だからといって、「せっかく作ってあげているのに」という気持ちでは、マネジャーは続かない（これを読んだ選手はぜひ毎日お礼を言うように！）。

帯広農マネジャーのＪＫ５

自らやると決める

「人からやれと言われたことは続かない」と田中さんは、マネジャーとして自らやると決めたことがある。それは、アナウンスの練習だ。マネジャーの大きな仕事のひとつとして、練習試合や大会での場内アナウンスがある。他校で上手なアナウンスを聞いて、自分もやろうと思ったのだ。「うまいと思った人をマネしてたんですけど、帯広の森球場で本番（大会）のとき、横にいたアナウンスの先生に『発音はもっとこうしたほうがいいよ』と言われたんです。自分は間違って覚えていたんだなと。そこからは先生に勧められたサイトを見て、お風呂とかで練習しています」

やらされることは続かないが、好きなこと、自分でやろうと思ったことは続く。数あるマネジャーとしての仕事の中から、どうやって自分からやりたいことを見つけるか。それが、成長するためのカギになる。

マネジャーとしてJKを意識するうちに、気づいたこと、成長を実感したことは何だろうか。

「今までのやり方を自分から崩すのは怖くてあまりできなかったんです。でも、紙コップを出すようになってからは、相手のために何ができるかを自分で考えて、思いやりの気持ちを持てるようになりました。野球部では自分より選手のために動くので、選手の練習を見て、『10分後にはおにぎりを出せるようにしよう』とか、**先のことを考えながら行動できるようになった**と思います」（戸草さん）

「今までは相手の気持ちを考えないで発言、行動してることが多かったんですけど、『これをされたら、相手はどう思うんだろう』と思うようになりました。困っている人がいたら助けるのもちょっと恥ずかしかったんですけど、動けるようになった。学校の廊下でノートをバラバラに落としている人がいたのに、全員見て見ぬふりだったことがあったんです。両手がふさがっているし、あわてて固まっていたので、助けました。**相手の気持ちを考えて行動することが増えました**」（田中さん）

「土日はおばあちゃんが弁当を作ってくれて、私はそれを持っていくだけだったんですけど、野球部に入ってからは、『ありがとう。おいしかったよ』とプラスひとことが言えたり、『今日は自分でおにぎり作るから休んでて』と言えたりできるようになりました。前までは誰かにお願いされないと行動することができなかったんですけど、**自分から行動しようという意識が高くなった**し、やるようになりました」（井上栞さん）

どうせやるなら、**喜んでもらえるようにやろう。喜んでもらえたら、もっと喜んでもらえるようにやろう**。そう思って毎日を過ごすうちに、3人とも相手の気持ちを考えられるようになった。まだまだ進化する帯広農マネジャー。次は、どんなサプライズを用意してくれるだろうか。

帯広農マネジャーのＪＫ効果

- 先のことを考えながら行動できるようになる
- 相手の気持ちを考えて行動できるようになる
- 自分から工夫して行動できるようになる

掛川西マネジャーのＪＫ１

ボール型のメッセージカードを作る

何事も言われた通りにするのが正解ではない。**掛川西**では紙コップにメッセージを書くのとは別の方法を採用している。自分たちでボール型のメッセージカードを作成し、飲み物の横に置いて出すのだ。佐藤さくらさんは言う。

「自分たちは紙コップを使っていないので、**手に取るところに、見やすいようにメッセージカードを置く**のがいいんじゃないかとみんなで考えました。カードのほうが持ち帰りやすいですし。カードをボールの形にしたのは、そのほうがマネジャーが作った雰囲気が出ると思ったんです」

やってみると早速反応があった。練習試合で訪れた県岐阜商の鍛治舎巧監督が喜んで持ち帰ってくれたり、御殿場西が野球部のツイッターで紹介してくれたりした。

「メッセージカードを書くようになってから、『掛川西のマネジャーはいいね』という声をいただ

掛川西では飲み物のカップにボール型のメッセージカードを添える。写真では「新しいことへの挑戦を考え、練習試合等でこのようなメッセージカードを書いてお出しすることができ、ご好評を頂いております」と筆者への言葉が書かれている

だけるようになって、**周りの印象が明るいほうに変わった**なと感じてます」

そんな経験をして、小長谷由依さんはメッセージカードの可能性を感じるようになった。

「反応が何もなくて置いていかれちゃうこともあるんですけど、そういうときは悔しくて。次に来られたときは、何としても持って帰ってもらおうと燃えます（笑）。持って帰ってくれる方によく言ってもらうのは『ウチのマネジャーに見せよう』ということ。そうなると、全国各地のマネジャーも実践して、よりよいものができるんじゃないか、高校野球界に新しいものが生まれるんじゃないかと思います」

御殿場西のツイッターで紹介されてからは選手も興味を持つようになり、練習試合があるたびに「今日は何て書いたの？」と訊かれるようになった。それがきっかけで、選手が知らないマネジャーの裏の仕事のことも話すようになったという。**部内でのコミュニケーションのきっかけ**にもなったのだ。

掛川西マネジャーのJK2

弁当の内容を相手によって変える

メッセージを書くためにJKをすることは、周りを明るくしたり、コミュニケーションを増やしたりする結果につながった。もちろん、他にも好影響を与えている。佐藤さんは言う。

「お弁当の準備はマネジャーに任されているんですけど、相手校の監督を調べて、どんな年代の方が来るのか、その年代ならどんなお弁当にしたら喜ぶかなど、**相手のことをよく考えるきっかけになりました**。60代の方なら、ハンバーグとか重めのものより、彩りがあるもののほうがうれしいのかなとか」

掛川西では寮に住んでいる選手の分の弁当もマネジャーが注文することになっているが、それも変わった。佐藤さんが続ける。

「今までは適当にからあげとかだったんです。大会前とか、油ものはお腹に負担がくるので選手としてはきついんですけど、『からあげのほうがお腹いっぱい食べられるでしょ』と押しつけっぽく渡していました。今は選手に何を食べたいか訊いたり、食育の（専門家の）方から聞いたことを参考にしたりしながら『油ものが多いから控えよう』、『たんぱく質が多いからいいな』と工夫して選ぶようになりました」

とりあえずやっておけばいいという〝作業〟ではなく、どうすればよいかを考える〝仕事〟になったことで、飲み物の出し方も、弁当の注文の仕方も変わった。小長谷さんは言う。

「それまでは先輩が行っていたことをただ真似するだけでした。挑戦したいという気持ちはあったんですけど、先輩がやってきたものを崩すわけにはいかないと思ってしまって。でも、紙コップの話を聞いて『そういうアイデアがあるんだ』と感動したというか、やっていいんだと」

考えて行動するようになって、変わったことがある。それは、言われなくても仕事を先取りしたり、工夫したりするようになったことだ。小長谷さんは言う。

「（遠征費など）お金をいつ回収するから、何月何日までにみんなに連絡を入れておこうとか、前もって先生に伝えておこうとか考えるようになりました」

ホワイトボードに選手のウエートトレーニングの記録を記入する際も、ただ数字だけ書いていたのをやめ、表を作り、**見やすくなるように工夫**した。**作業から仕事になったことで「何をすればよいのか」と自分の役割が明確になった**のだ。役割が生まれると部内での存在感も大きくなる。

「役割があることによって責任をより感じるようになりました。立場上、無責任にはできないので」（小長谷さん）

掛川西マネジャーのＪＫ３

ホワイトボードへの記入を見やすくする

作業が仕事に変わり、マネジャーとしても、人としても一歩成長したからこそ、わかることがある。ＪＫを徹底することで気づいたものとは何だろうか。

「選手のサポートも大切ですけど、**監督さんの目の届かないところに自分たちが気を配ることが大切**だと思います。そのためには、**準備と確認、情報共有……すべてのＪＫが大事**になってくる。それをやっていくことで自分たちも得られるものが大きいし、結果として相手に与えることもできるようになると思います」（佐藤さん）

「入学したときはマネジャー＝サポートと思っていました。でも、監督さんから『**マネジャーは雑用じゃない。マネジメントすることだ**』と言われたり、田尻さんの講演会を聞いたりして、『自分たちにもっとできることはあるんじゃないか』と思うようになりました。全力でＪＫすることは後輩たちにも伝えたいですし、今後、新たに掛川西を作っていく世代に受け継いでほしいです。マネジャーになりたい子に言いたいのは、ただ『野球が好き』とか『マネジャーをしたい』というだけでは入部してほしくないということ。『人を支えたい』、『自分も大きく成長したい』と思う子にマネジャーになってほしい。私自身は、『マネジャーをやることで、大人になってから高

校時代の経験がよりよいものになるよ』と伝えたいです」（小長谷さん）

全力でJKをするから、自分のことや目の前のことだけではなく、相手のことや将来のことまで想いがいくようになる。いろんな立場から物事を考え、視点が多く、視野が広くなること。これもまたマネジャーをやる醍醐味なのだ。

掛川西マネジャーのJK効果

- 相手にも自分にも得るものがある
- 将来に想いがいく
- 視野が広くなる

中京大中京マネジャーのＪＫ１

季節ならではのものを準備する

ＯＢ、プロ野球のスカウト、大学野球、社会人野球関係者、マスコミ……。全国でも、屈指の来客の多さを誇るのが甲子園最多勝を誇る名門・**中京大中京**だ。外部の人と接する機会が多いため、他校のマネジャーよりも丁寧な言葉遣いや態度などが求められる。自然と緊張感が生まれるが、「そんな環境で本気でマネジャーをやりたい」とモチベーション高く入部してくる子が多い。センバツで4強入りした2021年のチームで唯一の3年生マネジャー・平田沙椰さんもそんな一人だ。

とはいえ、そこは高校生。初めから気遣いができるわけではない。

「お客さんが外で練習を見られるときに座布団とコーヒー、監督室内に入られるときは簡単に片づけてコーヒーを出していましたが、それはそうするように教えられた義務みたいなもので、そこに私の気持ちは何も入っていませんでした」

だが、講演会でメッセージつきの紙コップの存在を知り、考えが変わった。

「今でも田尻さんの『**ただのゴミになるのか、ずっと忘れない宝物になるのか**』という言葉が心に残っています。せっかく中京まで来ていただいたのだから、少しでも『来てよかった』と思ってもらえるように積極的に行動を起こしていきたいと思うようになりました」

それからは、どんどん工夫するようになった。**暑い日なら、紙コップに加えてうちわ、寒い日なら、紙コップに加えてカイロ、コロナ禍になってからは除菌シートなどを添えて出すようになった。**

中京大中京マネジャーのＪＫ２

ＪＫを進化させる

季節ならではのものだけではなく、もちろん紙コップも進化。筆者が取材で訪れた日は1月9日で、一休さんの〝とんちの日〟ということで、メッセージの他になぞかけの問題が書かれていた。

『政治家とかけまして、プロ野球選手とときます。その心は？』

高橋源一郎監督と一緒にしばらく考えたが、ギブアップ。答えはコップの底に書かれていた。

『どちらも「とうしゅ」（党首・投手）、「ほしゅ」（保守・捕手）がいます。そして、とうしゅは「ないかく」（内閣・内角）を攻めます』

なぜ、とんちをひらめいたのか。平田さんは言う。

「いつものようにメッセージを書くだけでは新鮮味がなく、おもしろくないと思いました。そのときに中学生のときに通っていた塾の先生が毎回授業前に〝今日は何の日〟クイズを出してくれていたのが楽しかったのを思い出したんです。調べてみると、ちょうどとんちの日だったので、とんちのように頭を使うクイズを出したら話のタネにもなって楽しいかなと考え、書いてみました。当日ひらめいて、いきなりのチャレンジだったので喜んでくださるか不安な気持ちもありましたが、自分が楽しかった記憶を思い出しながら紙コップに書いているとき、どんな反応をされるか楽しみな気持ちでいっぱいでした」

中京大中京マネジャーのＪＫ３

楽しんでＪＫする

講演会の日は長時間で飲む量が多いため、紙コップではなくペットボトルの麦茶を用意してくれたが、ここにも〝しかけ〟があった。ラベルの裏側にメッセージが書かれていたのだ。透明の水なら初めからメッセージが透けて見えてしまうが、麦茶ならよく見ないとわからない。飲んで量が減っていくと気づくという仕組みだ。平田さんは言う。

「ラベルは以前からずっと考えていたことでした。紙コップにはメッセージを書くのにペットボトルには何も書かないのはさびしいと思いました。１本飲み終わるのは講演が終わる頃か、飲み終わらずに持って帰る方が多いので、**終わった頃に感謝の気持ちを伝えられたら喜んでいただけるのでは**と思い、（自分が最上級生の）新チームになったときからこっそりと始めていました」

一度始めると前回と同じレベルでは驚いてもらえないため、やるたびにハードルが上がっていくことになるが、そう思うのはやらされている証拠。平田さんは続ける。

「私はおもしろいことやサプライズが好きなので、うまくいくか、気づいてくれるか、『早く知りたい！』、『早く渡したい！』と私自身が楽しんでやっています」

楽しいから考えられるし、楽しいから続く。楽しんでやるからこそ、作業ではなく仕事になる。相手にもその気持ちが伝わるから、喜んでもらえるのだ。

中京大中京マネジャーのJK4

来客の特徴を記録する

相手のことを考えるようになると、今まで気づかなかったことにも気づくようになる。

「高橋先生に『2回目以降に来られたお客さんは「この人はブラック（コーヒー）だった」、「この人は砂糖だけ入れた」と覚えておいて、それをお出しすると喜ばれるんじゃないか』と教えていただいたんですけど、それなら、**どういう人かを見ることも大切**だなと。それで（プロ野球の）スカウトの方を見ていたら、練習前の風景を見るスカウトの方、ブルペンは必ずしっかり見るスカウトの方など同じスカウトでもいろいろな方がいることに気づきました」

スカウトをはじめ、来客があるたびに**特徴を記録**。次回の来校時に活かすようにしたという平田さん。

「練習前を見る方が来られるときは、朝のうちに見られるところをそうじしておいたり、ブルペンを見る方が来られるときはブルペンをきれいにするようにしました。事前にやっておいたら、お客さんも気持ちよくなるかなと。今まではお客さんということでひとまとめにしていたというか。『この人はどういう人なんだろう』というのは全然見ていなかったと思います」

中京大中京マネジャーのＪＫ５

もっとよくするには、と考える

相手が「どんな人なのか」を意識して行動するようになってから、平田さんはこれまでの枠に縛られなくなった。**「先輩がこうやっていたから」という考えをやめ、「もっとよくするにはどうしたらよいか」を考えるようになった**のだ。

例えば、遠征時に持っていく**道具を確認するチェックシート**。これまでは「カラーコーン○個」と書いていたのを「何色が○個、何色が○個」と細分化するようにした。細かく分けることで確認作業も細かくなる。必然的にミスも減った。

春の甲子園から帰ってきたあとは、「これは、勝手にやっちゃったんですけど……」と滞在していた**ホテルにお礼の手紙と写真を送った。**甲子園期間中は、洗濯の待ち時間を利用して**不振の選手の話を聞いた。**

「アドバイスとかは得意じゃないので、聞くことしかできないんですけど。しゃべって発散することもあるかなと思って」と平田さん。**自分でやることを見つけるる**ようになったことで、どんどん仕事の幅が広がった。**仕事が増える＝気づきが増えている証拠。**成長している証拠だ。

中京大中京マネジャーのJK6

シフト制で情報を共有しミスをカバーする

平田さんの1学年下には川上乃々華さん、川西日向さん、阿部夕佳さん、工藤七実さんの4人のマネジャーが入部した。人手が足りないということはなくなった一方、「人任せになる。情報共有ができない」といった大人数による弊害も生まれ、**マネジャー内でシフト制を導入**した。

特別なことがない限り、基本的に5人のうち平日は3人、土日は4人が部活動に参加。それ以外は休日となる。マネジャーの中には「毎日行きたい。休みはいらない」という声もあったが、実際にやってみてプラス面があったと平田さんは言う。

「今まではとりあえず毎日行って（それから何をするか考える）みたいなところがあったんですけど、シフト制によって誰がいつ行くかを事前に考えるので、『この日はこういうことがあるからこうしよう』と決めやすくなりました。自然と準備も早くなるのでミスが減ったと思います」

また、休みのマネジャーがいることで、**必然的にＪＫ＝情報共有と念入りな確認作業**が必要になった。

「行っていないと何が起こったかわからないので、連係を取らないといけない。もっと確認するようになったり、いろんな連絡を回すようにもなりました。お客さんが来られても、対応したマネジャーと対応していないマネジャーがいるので、名前は知っていてもどういう人かはわからない。それで、メガネをかけているといった見た目や『どういうところを見る、どんな方なのか』という特徴、スカウトの方なら年間の予定表を渡したかどうかなど記録するようになりました」

それまでは誰かがミスをしても知らないことがあったが、情報共有をすることで他人のミスを全員が知るようになり、ミスをカバーしたり、同じミスが起きるのを減らせるようになってきた。

仕事を覚えきれていない下級生マネジャーにとっては、**休日もプラスに変えることができる。**川西さんはホテルのマニュアル本を読んで来客の対応の仕方を勉強。川上さんは両親を相手にコーヒーを出す練習をする他、スコアを書く練習をしている。もちろん、部活動で遅れがちな学校の勉強の時間にも充てられる。**自由とは、選択肢があること。自由な時間が与えられるからこそ、責任感が出る。**ただ部活動に参加しない日にするのではなく、それぞれがプラスの時間にできるように工夫をしている。

中京大中京マネジャーのＪＫ７

そうじは入念に行う場所を日ごとに決める

平田さんの例からわかるようにマネジャーは工夫が大事。**決まりきった作業をするのではなく、いかに自分で工夫するか。**川西さんは言う。

「それまではずっと同じようにしていたことでも、『誰かが気づいてくれるか、くれないか』程度ですが、わずかな工夫をしています。そのわずかな工夫が、誰かのわずかな楽しみになればいいなと思っています」

川西さんがしているのは監督室前のそうじ。それまでより入念にするようにした。

「なかなか気づいてもらえないんですけど（笑）。やっていると、高橋先生に『ありがとう』と言ってもらえることがあるので、小さな喜びを感じています」

川上さんもそうじを工夫するようになった。

「**毎日同じようにするのではなく、『今日はここを入念にやろう』とか1日1日、目標というかポイントを決めてやっています。**あとは、**いつもとは違うところからそうじを始めてみたりもします。**違うところからやってみると、『ここは思ったより汚れているんだな』とか、発見があります」

そうじでは、マネジャー内で徹底している、わずかな工夫もある。川上さんは言う。

「通りの道をマネジャーがそうじするんですけど、お客さんに『ここまでそうじしたんだ』と隅までそうじしたのをわかってもらえるように、わざとほうきの跡をつけるようにしています」

気づいてもらっているかはわからない。でも、いつか誰かが気づいてくれる。誰が一番に気づいてくれるか。そんな想像をしているだけで楽しくなる。

中京大中京マネジャーのＪＫ８

電車で想像力、観察力を鍛える

相手に喜んでもらうには、相手がどんな状況なのかを観察し、相手の心理を想像して動くことが大事。その想像力を鍛えるため、川西さんは通学中の電車でこんな工夫をしている。

「時間帯や服装を見て、『この人はどこで降りるかな』と予想したり、想像力をふくらませて『この人はこんな人なんだろうな』と勝手にイメージしてます」

もちろん、正解か不正解かはわからない。だが、服装、メガネ、髪型、靴、話し方、携帯電話の扱い方、カバンやキーホルダーなどの持ち物、雰囲気、時間帯、曜日……得られる限りの情報を駆使することでいくらでも想像することはできる。それを続けていれば法則性が見つかるかもしれない。**何でもＴＹ＝とりあえずやる、続けてやる、徹底してやることが大事**なのだ。観察力を磨いていけば気づき力が高まり、視野が広くなって、マネジャーとしても気が利くようになる。

最後に、ＪＫを意識することで感じたことは何だろうか。平田さんは言う。

「家族からも言われるんですけど、今までは主観的、自分の目線でしか物事を見ていなかったのが、マネジャーになって、周りがどう思うかとか、**周りの人を基準に物事を考えられるようになった**のかなと思います。**ＪＫすることで、向上心が高まりました。**ＪＫを実践して成功したら、**『もっと何かできないか』と上を目指せる**ようになりました。**うまくいかなかったときは、ＪＫを見直せば自分をふりかえることができる**ので次回への反省になります。ＪＫを意識することが成長するきっかけになったと思います」

準備と確認を徹底することで、ＪＫ＝自己改善ができる。改善とは、「もう少しこれはできる」、「まだこれができる」ということ。日々その意識で工夫していくことで、自分自身も驚くぐらいレベルアップができるのだ。

中京大中京マネジャーのＪＫ効果

●相手の目線で考えられるようになる
●向上心が高まる
●自己改善ができる

記録員のＪＫ

記録員のＪＫ１

スコアを書く以上の「戦力」となる

ここまでは来客対応などについてばかり紹介してきたが、忘れてはいけないのは女子マネジャーも**記録員**としてベンチに入れるということ。控え選手や選手経験がある男子マネジャーでもいいのに、ベンチに入る意味を考えなくてはいけない。

このことについて、**中京大中京**の阿部夕佳さんは正直にこう言っていた。

「選手が野球をわかっていればよくて、マネジャーはスコアが書ける程度であれば十分だと考えていました。そのため、試合中に監督さんからピッチャーの球数を聞かれ、すぐに言えただけで満足していました。今思えば、心の奥底で選手は選手、マネジャーはマネジャーだと分けて考えていました」

その裏には、こんな気持ちもあった。

「マネジャーというと裏で目立たない存在というイメージが強かったです」

だが、**マネジャーだからといってすべて裏方である必要はないし、目立ってはいけないということもない。**指導者の中には、「普段、裏方で頑張ってくれているからベンチに入れてあげよう」と考える人もいる。だが、勝つことを考えれば、スコアを書く以上のことができる記録員のほうがいい。ベンチに入る以上は誰であっても〝戦力〟なのだ。

スコアを書きながら、相手の打球方向や配球の傾向を伝える、ボールカウントやアウトカウントなどJKの声を出す、選手を叱咤激励する、監督に気づいたことを報告する……。できることは無限にある。

記録員のＪＫ２

選手を勇気づける声かけをする

スコアを書く以上の「戦力」になる。そんなマネジャーはいるのか、そこまで要求するのか、という人に知ってもらいたいのは、マンガ『ラストイニング』に出てくる大宮詩織だ。詩織は先に挙げたような仕事をこなし、チームの中心的な存在になっている。勝つために欠かせない貴重な戦力になっているのだ。阿部さんは『ラストイニング』を読み、詩織から大いに刺激を受けた。

「詩織ちゃんが野球部のためにさまざまな場面で行動し、選手の支えになっています。それは形だけのものではなく、自然体で選手と志を同じくした姿でした。選手が不安になっているときや落ち込んでいるとき、彼女は必ずひとこと**勇気づける言葉**を言っています。叱る場面も多くありました。私は選手と最低限のことしか話さなかったのですが、**前向きに取り組めるような言葉を探し、些細なことも積極的に話す**ようにしています」

記録員のＪＫ３

野球を学び、プレーについても話す

マンガ『ラストイニング』の大宮詩織は野球にも詳しい。ときには、選手以上の知識を披露する。ここにも阿部さんは刺激された。

「詩織ちゃんはストレートと変化球を見極められるのはもちろんのこと、変化球の種類も理解し、勝つためにどう試合が展開すればいいか考えていました。私はまだ球種の見きわめができないので、**選手に変化球の種類を教えてもらい、ユーチューブなどの動画を見て勉強**しています」

その一方で、阿部さんはこんなことも言っていた。

「正解はないと思うんですけど、正直、マネジャーはどこまですればいいのかという思いもあります。それと、自分自身がまだ野球をよく知っているわけではないので、間違ったことを言ったらどうしようという不安はあります」

小学生から10年間、野球をしている選手と自分を比較して遠慮してしまうのは当たり前。それでも、「初球を必ず見送る」、「全力疾走していない」、「カバーリングやバックアップをサボっている」、「チームの徹底事項を守っていない」など試合の中で気づけることはある。**大事なのは、スコア係や応援係ではなく、自分も試合に参加しているという想いを持つこと**なのだ。

弘前学院聖愛のマネジャー・太田百合子さんが、試合後のミーティングで、代打でタイムリーヒットを放った先輩に対し、「ガッツポーズをしていてボールから目を離していたと思います」と指摘していた場面を見たことがあるが、チーム全員が納得。言われた選手も選手に言われる以上に反省していた。

勝つために頑張っているのは選手もマネジャーも同じ。マネジャーだから、野球のプレーのことを言えないというのはおかしい。マネジャーであってもチームがよくなるためのことなら、言うべきなのだ。

「マンガだから……」と思うのか。「詩織ちゃんみたいになりたい」と思うのか。全部はできなくても、少しでも取り入れてみることで、視点が変わり、視野も広くなるはずだ。

マネジャーの極め方

TY＝とりあえずやってみる

〝客〟として訪れることが多い立場として、「こんなことをしてもらえたら、ありがたい」と思うことをいくつか補足してみる。

①講演会でときどきあるのが、ホワイトボードのマーカーが出ないこと。マーカーを用意して安心するのではなく、出るかどうかまでJKをする。**「用意しておいて」と頼まれたことをして終わりではなく、もう一歩踏み込んで準備をする。**

②**到着時間に合わせて冷房や暖房を入れる。**監督室とは別の部屋やセミナーハウスなどに案内されることも多いが、到着してからスイッチを入れるのではなく、冬であれば到着前に暖房やスト

ーブなどで温めておいてもらえると非常にありがたい。

③飲み物が減っていたら**「おかわりはどうですか」と声をかける。**夏は到着後、一気に飲むことがあるので非常にありがたい。

④**帰りがけに忘れ物をチェックする。**当然、自分でもするが、100パーセントではない。これは飲食店でのことだが、ICレコーダーを忘れそうになったときに気づいてもらって助かったことが何度かある。

大事なのは、TY＝とりあえずやってみること。以前、鼻を気にしているときにサッとティッシュペーパーを出してくれたマネジャーには感動した。

ダメ元でいい。間違ってもいい。相手の小さな動きや視線の先を見て、思ったことをやってみる。体験こそが勉強。たとえ間違ったとしても、「気遣いをした私って素晴らしい」と考えることで、自己肯定感が上がる。それをくり返していった人だけが、相手の心に残る行動ができるようになる。

継続動機のKYSを大事にする

最後に、全国のマネジャーに伝えたいことがある。マネジャーから受ける質問で多いのが、「私は本当に役に立てているのかわからない」、「私はマネジャーに向いていないのではないかと不安です」というもの。希望に燃えてマネジャーになったはいいが、思っていたようには感謝もされず、徐々にモチベーションが下がってくるのだ。マネジャーの志望動機として多いのが、「選手を支えたい、応援したい」という理由。実は、これは〝**開始動機**〟でしかない。**開始動機のみで続くのは3か月。**その後は、常にほめられたり、感謝されたり、ごほうびがない限り、どんどんやる気はなくなっていく。

この状態を脱するには、〝**継続動機**〟が必要だ。

継続動機はKYSの3つ。Kは「工夫感」、Yは「役立ち感」、Sは「成長感」だ。

ひとつめは**工夫感**。紙コップのメッセージから発展させ、サプライズメッセージを考えたマネジャーたちは、全員が工夫を楽しんでいる。相手がどう思うかよりも、考え、作っている時点でわくわくしている。そんな状態だから、「気づいたら30分もたっていた」ということも珍しくない。時間を忘れるぐらい没頭しているのだ。さらに、工夫には別の効果もある。一度工夫すると、次は「もっと工夫しよう」と前回以上を目指すのだ。工夫に終わりはない。究極は、誰がやっても同じ仕事に自分ならではの工夫を加えること。「誰がやったの？」と訊かれなくても、「これをやったのは、あの子だね」とわかるぐらいになったら、社会に出ても即戦力だ。

ふたつめは**役立ち感**。これは、**個性**だ。詩織のように選手を叱咤激励する役割が合っているマネジャーもいれば、選手のグチを聞く癒し係のマネジャーもいる。天然ボケで周囲を和ませるマネジャーもいる。裁縫が得意で背番号を縫うのがうまいマネジャーがいれば、勉強が得意でテスト前に部員に勉強を教えるマネジャーもいる。能力は関係ない。無理する必要もない。**それぞれの性格や得意分野を活かして、自分らしくいるだけで何かしらチームの役に立てる**ことはあるのだ。そう考えるだけで、役割はいくつでも見つけられる。

3つめは**成長感**。成長とは、**過去の自分を上回ること**。多くのマネジャーが言うように「人に言われる前に動けるようになった」でもいいし、「監督に訊かれる前に、訊かれそうなタイミングで投手の球数を言えた」でも、「紙コップメッセージで新しいアイデアを思いついた」でも何でもいい。昨日の自分ができなかったことをひとつでも上回ることができれば、それは成長なのだ。成長にも終わりはない。

これら3つに共通するのは、**人から与えられるものではなく、自分で見つけるもの**ということ。逆に言えば、他者から理解されなくてもいい。**やることで自己肯定感が高まるのなら、必ず継続することができる。**

KYSは「ここまでやるから、成長できる」という意味でもある。**明日成長するための工夫を重ねることで、マネジャーとしてはもちろん、人としても大きく成長することができる。**

第7章

強豪校、一流選手のJK

選手として成長するため、試合に勝つため、トーナメントで勝ち上がるためにはJKが欠かせない。この章では、強豪校や一流選手が実際に行っているJKを紹介する。

あえて睡眠不足の状態を作る

人間は誰だって緊張する。それが、大事な試合前ならなおさらだ。甲子園出場を決める決勝戦、甲子園の初戦、日本一を決める決勝戦……。特別な試合になると緊張でいつも通り寝られないことがある。そのときに備え、**あえて睡眠不足の状態を作っていた**のが**駒大苫小牧**の**香田誉士史元監督**だった。

苫小牧からフェリーで8時間かけて青森に行き、ダブルヘッダーを消化。翌朝の6時半にフェリーで苫小牧に戻ると、その足で札幌に向かい、再びダブルヘッダーをこなした。慣れない船の上では十分に寝られない。疲労もたまる。それを、夏の大会で疲労がたまったとき、睡眠不足のときと仮定して試合をするのだ。

練習試合では、あえて試合前にアップをしなかったり、シートノックをせずに試合に入ったり

することも珍しくない。公式戦でも渋滞に巻き込まれて球場への到着が遅れることもあれば、前の試合が延長で延びたり、雨が降ったりしている場合、試合間の時間を削り、シートノックをせず、サイドノックだけで試合が始まることもあるからだ。

いざ、そうなったときに、そういう状況が未経験だったり、想定外だったりといっているようでは不安でいっぱいになってしまう。**人間は、一度でも経験していることで、安心感が生まれる**のだ。そんな訓練をくり返し、当時の駒大苫小牧の選手たちは、球場に到着後、20分あれば試合を始められるようになった。

同じような取り組みをしているのが福島・**聖光学院**。**毎年6月の恒例行事に〝不眠合宿〟がある**。週末の3日間、不眠不休で野球に没頭するのだ。土曜日はダブルヘッダーのあと、練習をして夕食。さらに夜間練習をする。2時間の休憩があるが、寝るといっても体育館で雑魚寝。寝ずに練習する選手も多い。その状態で、翌日、ダブルヘッダーと練習をする。**精神面、体調面ともに最悪の状況を経験しておくことで、「これ以上きついことはない」と思えるようになる**。

強豪・一流のJK2　土台作り2

あえて主力を欠場させる

　不測の事態に備えるため、やっておくべきなのが**主力選手を使わずに練習試合をする**ことだ。複数投手制が一般的になり、エースが登板しない試合は珍しくなくなったが、主力の野手が出ないことはほとんどない。だが、大会ではケガで欠場せざるをえないこともある。２０２１年のセンバツの東海大相模のようにキャプテンで守りの要のショートが病気で離脱することもある。

　高校生の場合、頼りにしていた中心選手がいないことで動揺し、落ち着いて試合に入れないことが多々ある。そのときのために、強豪相手の試合でも、あえて主力を欠場させて試合をするのだ。これをやっているのが**明徳義塾**の**馬淵史郎監督**。

「たまにやるのが、四番がちょっとケガしたとか調子が悪いときに、打順を変えずに、四番に同じポジションで力のないヤツを使うこと。本番で四番がケガするときだってあるんだから。四番が出てたって4タコの日もあるしね。『見てみろ。あいつが打てなかったらこうなるんや』ってわからせるね」

不動のオーダーで戦うのが理想だが、イレギュラーなことに弱ければトーナメントは勝ち抜けない。**考えられることは、一度は経験しておくべき**だ。馬淵監督は続ける。

「あとは**打順を変えて、やること**。監督の頭の中には『勝負がかかったらこの打順』というのはあるけど、ケガして変えざるをえないこともあるから、やるべきだね」

もちろんこれは、いざというときに監督があたふたしないための**監督のＪＫ**でもある。

強豪・一流のJK3　土台作り3

雨でも練習する

高校野球では、**雨の中での試合の準備は欠かせない**。特に夏の大会は日程が過密なため、日程消化のために少々の雨でも試合が強行されることは珍しくない。地方大会や甲子園は2～3週間をかけて大会を行うため、すべての試合で天候に恵まれることは少ない。雨中の試合に強くなければ、トーナメントを勝ち抜くことはできないのだ。当然のことながら、強豪校、甲子園常連校は雨の中で試合をする準備をしている。**日大三**の**小倉全由監督**はこう言う。

「雨だと選手は絶対不安になるわけです。雨の練習さえしておけば、ゲーム前に『お前ら、いつもやってる練習だよ。余裕持っていけるぞ』と言えるから、選手も落ち着いてやれる」

雨で大きく影響するのは精神面。そのため、いつもやっているかどうか、経験しているかどうかが大きいのだ。

それにプラスして、プレーや技術面で確認しておくことがある。**智弁和歌山**の**髙嶋仁元監督**は**雨の中でのノック**を重要視していた。

「雨が降っとっても、内野に水がたまってなかったら守備練習をやります。雨がやんだら、水がたまっとってもやります。大会のことを考えて月に1、2回はやります。（ボールやグラウンドが）ぬれてる状態でいかに投げるか。ぬれとるから投げにくいんです。その練習をしとかなアカン。選手に言うのは、『お前が捕って投げにくいってことは、バッターも打って走りにくいんや。まったく同じ条件や』と。野手も投げにくい。打者も走りにくい。だからストライクを投げる練習なんです」

ぬれた球を投げても滑らないよう、5本の指で握って投げる。送球の**速さよりもコントロールを意識して投げること**を徹底させていた。

明徳義塾・馬淵史郎監督も雨中の守備の準備を怠らない。

「雨の日はボールが滑るから、（外野手は一人で送球せず）カットマンを入れる練習をする。それと、滑って転ぶ経験はしたほうがいい。ウチのグラウンドは芝じゃないから、雨でぬれた芝で球足が速くなるとか、そういうことは（練習試合などで）常にやっとかないかんわ。雨のほうが番狂わせがあるんやから」

今治西の前監督で現在は**松山商**を率いる**大野康哉監督**も雨の中のノックを必ずやるが、忘れてはいけないのが投手の準備だ。

「ピッチャーも雨降りのところでやらせないかんと思います。普段はセットに入る前、投げ手側にボールを握ってても構わんと言ってますけど、雨が降り出したときのためにボールをグラブの中に入れて投げる練習、そこからけん制球を投げる練習はしとかないといけない」

投げる手だけではなく、ロジンバッグをポケットに入れる、下が滑るためにステップ幅を狭くするなど通常と変わることは多い。普段からやっておかないと本来の力が出せずに終わってしまうことになりかねない。

この他に大野監督が言っていたのは**心の準備をする練習**。室内練習場がないからといって雨の日にグラウンドに出ないようにしていると、選手が準備をしなくなってしまうのだ。

「雨が降っていて、選手が『今日は軽めの練習やな』と思うんじゃなしに、『雨でもやるんや』という気持ちで1日生活してくれることも大事なんです」

大会でも、試合前に「雨が降っているから中止だろう」と思ってしまうと、気持ちが切れてしまう。そうなると、試合が強行されたときにスイッチを入れ直すのは難しい。どんなに雨が降っていようとも、**常に「今日はやるんだ」と気持ちを切らさない練習もしておくこと**が必要なのだ。

明徳義塾も雨の中での投球練習をしているが、反対に**夏の太陽の下での投球練習**も行っている。

馬淵監督は言う。

「投げるスタミナは投げて作らないといけないという考えやけど、特に炎天下の中でやらさないかんね。ピッチャーは炎天下で投げる練習が必要」

ブルペンに屋根がある学校は多いが、明徳義塾はあえてつけていない。雨の中、灼熱の太陽の下で投球練習をするためだ。見た目や投げやすさよりも、重視するのは勝つこと。**試合で想定されることは、練習で準備しておかなければいけない。**

強豪・一流のＪＫ４　土台作り４

ブルペンではさまざまなボールを使って投げる

ブルペンの準備でいうと、まさに**ＫＹ＝ここまでやるか**というぐらいの準備をしているのが**龍谷大平安**だ。ピッチャーがブルペンで投球練習をする際は1ダース分のボールを用意する。しかも、メーカーの違うボール、傷んでいるボール、きれいなボール、ニューボール……。**さまざまなボールを交ぜる**のだ。それを見ずに、パッとつかんだボールを使って投げる。**原田英彦監督**は言う。

「審判からいろんな（状態の）ボールが返ってきますからね。メーカーも京都はミズノですけど、甲子園はミズノと久保田を併用します。3回戦ぐらいまでは久保田をたくさん交ぜて、準々決勝からはミズノにするとかあるんです。その情報を得て、久保田も買ってます」

これだけでも驚かされるが、さらにすごいのは普段から複数の種類のマウンドで投げるようにしていること。かつての練習場だった亀岡グラウンドは3種類の高さのマウンドがあったし、現在の平安ボールパークも高いマウンドと低いマウンドの2種類がある。高校野球の大会では多くの球場を使用する。公式戦でいきなり初めての球場で試合をすることも珍しくない。そのときに「マウンドが合わない」という言い訳をなくすために、**普段から高さの違うマウンドで練習する**のだ。

強豪・一流のＪＫ５　土台作り５

長袖のアンダーシャツを着て練習する

雨と同様に選手たちを悩ませるのが真夏の太陽だ。近年は特に暑いのを通り越して酷暑。生半可な準備では乗り越えられない。沖縄・**興南**は太陽の下、**選手が「暑い」と言う日を選び、ユニフォームの下に雨合羽を着て練習する。**暑い沖縄とはいえ、甲子園の暑さとは質が違う。関西は独特の蒸し暑さがあるため、それに近い状態を作るのだ。

練習では、全員に長袖のアンダーシャツの着用を義務づけた。我喜屋優監督はその理由をこう説明する。

「普段からなるべく暑くしようということと、**直射日光から守るということ。長袖は発汗を抑える効果がある。**半袖だと一気に汗が出てバテるけど、長袖なら徐々に汗が出る。そういう意味でも身体にいいことなのかなと。効果はあるかわからないけど、準備はしておくということ」

これは甲子園の開会式でも徹底。興南ナインは18人のベンチ入りメンバー全員が長袖を着て行進した。南からの入場だと沖縄は前年優勝校に次ぐ2番目。自分たちが行進したあとも、全チームが行進するのを待ち、開会式終了まで30分近く炎天下にさらされることになる。直射日光を浴び続けることによって疲労がたまるのを少しでも軽減するのが狙いだった。

太陽がまぶしいときに備える

太陽は守備でも邪魔になる。日光に遮られ、ボールを見失ってしまうことがあるからだ。**野手は守備に就くたびに太陽の位置を確認**しなければいけない。**太陽がまぶしいときに備えた練習を徹底**していたのが**駒大苫小牧**の**香田誉士史元監督**だった。多くの球場と異なり、**神宮球場はホームベースの方向に太陽がある。**フライが上がると、確実に太陽と重なってしまう。そのため、神宮大会の前は**太陽とかぶる場所に野手を守らせ、そこに向かってノックでフライ**を上げていた。このときに注意すべきは、**サングラスをかけてやる**こと。高校野球でもサングラスの使用が認められている。だが、普段、高校生はサングラスをかけてプレーすることに慣れていない。サングラスをかけた状態でボールがどう見えるのかに慣れる必要がある。

太陽の影響を受けるのはフライばかりではない。中継プレーを行う際、送球が太陽とかぶって見えにくいこともある。この準備を徹底しているのが、**県岐阜商**の**鍛治舎巧監督**だ。**秀岳館**を率いていたときのこと。熊本のメイン会場である藤崎台球場では、太陽が厄介になる時間帯があった。鍛治舎監督は言う。

「午前中は、ライトは太陽が入るんですよ。午後3時半ぐらいになるとライトからサードに送球するとき、(三塁手に太陽が)まともに入っちゃうんです。そこで、**カットはどこへ入ったらいいか**考えました」

9－4－5とつなぐケースと9－6－5とつなぐケースが考えられるが、秀岳館では9－4－5とセカンドがカットに入るほうを採用した。カットに入る位置はあえてサードまでを結ぶ一直線上ではなく、本塁寄りにずれる。一直線上だと太陽がかぶってしまうからだ。センター寄りにずれてもいいような気がするが、これでは悪送球したときに進塁されるリスクが大きくなるため、本塁寄りでなければいけない。もちろん、セカンドがずれてカットに入るため、バックアップに入る投手の位置もずれることになる(310ページ**図3**)。

本塁寄りにずれた位置でカットしたセカンドがサードに送球すると、打球が飛んだ位置と三塁ベースまでが一直線上にはなっていないため、レフトがバックアップに入る位置もずれる。何も考えず、いつも通りの場所にバックアップに走ると意味がなくなってしまうのだ。レフトが守っている位置から、ボールが来る場所にバックアップに入る位置まで何歩で行けるかも測っていた。

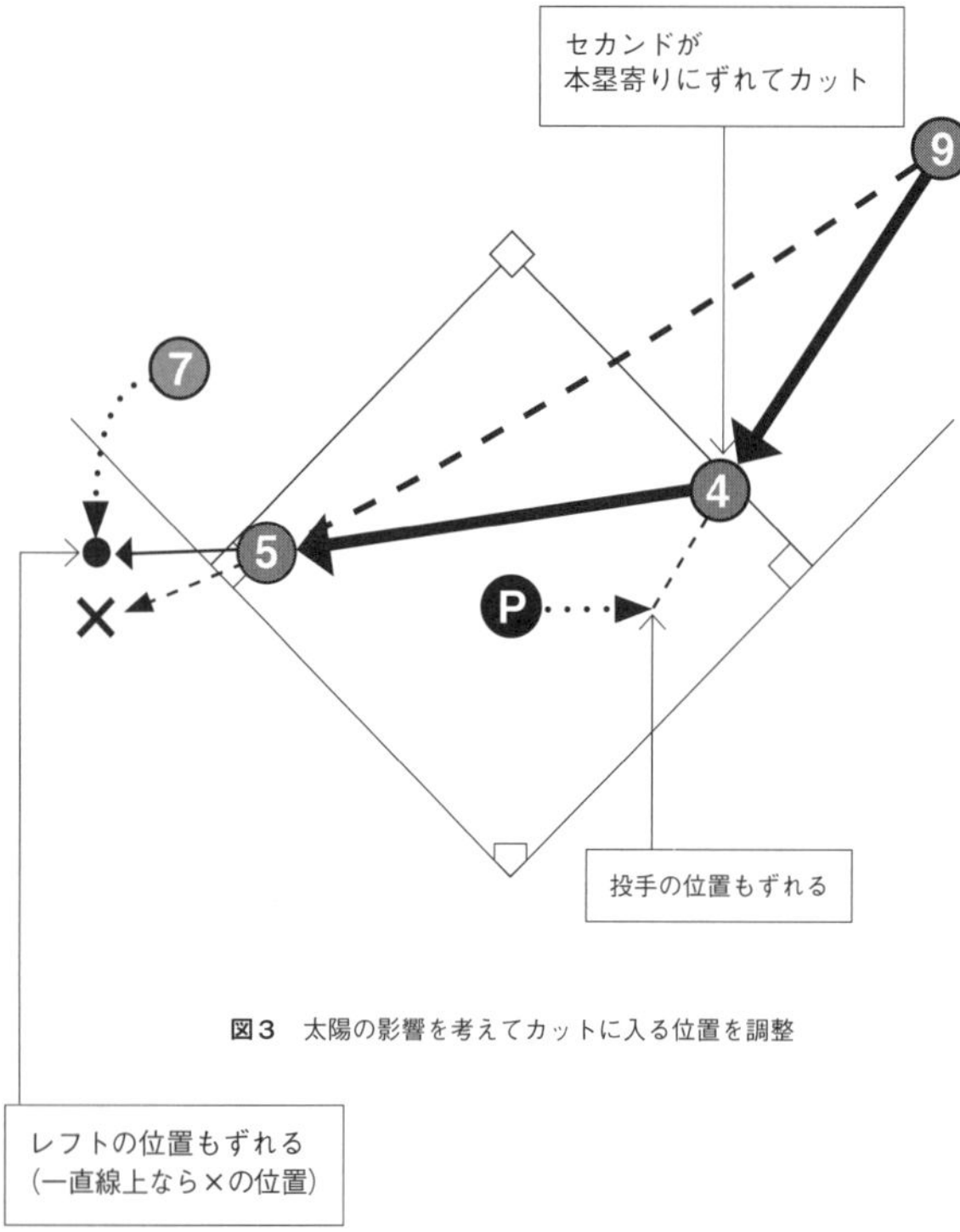

図3　太陽の影響を考えてカットに入る位置を調整

強豪・一流のJK7　守備2

送球の際の目安を作る

太陽対策とは別に**鍛治舎巧監督**が外野手にJKさせていたのが**送球の際の目標・目安を作ること**。左中間や右中間の打球、ライン線の打球を全力で追いかけ、ふり向きざまに投げなければいけないことがある。急いでいればいるほど、ベースをしっかり見ずに投げることになるが、ベースを見なくても送球が大きくそれないように投げる方向の目安を作っておくのだ。

「パッとふり向いて、二塁ベースに一人で投げるとき、○○大学の看板の下に低いボールを放れれば、少なくともツーバウンドぐらいでベースのあたりに行くとかね。これがあると、カットが曲がっていても大きなぶれがない。広告のない球場なら、照明とか出入口でやります」

小さなものよりも、大きなものを目安にすることで見やすくなる。カットマンのように動くものではなく、動かないものなので間違いがない。一石何鳥にもなるJKだ。

「豪快な野球でガンガン打って、追い込まれたらノーステップで打つというけど、それじゃ勝てない。神宮に行っても、甲子園に行っても、こういうことはきちっとやってましたね」

強豪・一流のＪＫ８　守備３

ファウルグラウンドの広さを確認する

マウンドのところで触れたように（３０５ページ）、高校野球は初めてのグラウンドや球場で公式戦をすることが多くある。そのときに、必ずやらなければいけないのが**ファウルグラウンドの広さの確認**だ。ファーストなら自分の左側、サードなら自分の右側のフェンスまでどれぐらいの距離があるのか。これを把握していないと、フェンスまでまだ余裕があるのにフェンスを意識してしまい、落球することにつながりかねない。**守備位置に就いたら必ずフェンスまで歩いてみて、何歩分の距離があるかを確認することが必要だ**。

これをもっとも徹底しているのが**弘前学院聖愛**。１回に守りに就くと、投手の投球練習時に必ずファーストとサードがそれぞれのフェンスまで全力でダッシュをする。全力でファウルフライを追いかけたときに備え、距離感をつかむためだ。

この2つのポジション以外にもセカンド、ショートはファウルフライを追いかけたときのことを考え、セカンドなら左後方、ショートなら右後方のフェンスまでの距離を測っておくことが望ましい。外野手は打者によって大きくポジショニングを変更するため、守備位置を変えるたびにファウルグラウンドのフェンス、後ろのフェンスまでの距離を確認しなければいけない。

強豪・一流のJK9　守備4

クッションボールの確認をする

初めての球場で、絶対に怠ってはいけないのが外野手のクッションボールの確認だ。県岐阜商の鍛治舎巧監督は外野手に一人一個のボールを持たせて、自分でフェンスにぶつけてクッションボールの確認をさせる。

「甲子園はラバーが厚いんで止まるケースがあるんですよね。転がったら、フェンスに沿って転がっていくこともある。やってみたらわかるので、やらせてました。甲子園では（グラウンドの）中でアップができないんで（試合当日にやるのは）難しい。甲子園練習のときにやっとかないとね」

当然のことながら、一流はこの準備を徹底的にやる。メジャーリーグで10年連続ゴールドグラブを獲得した**イチロー**（元マリナーズ）は、守備の準備についてこう言っている。

「まず、**芝生の状態**を見ます。深さとか刈り方ですね。で、ゴロの打球がどう変化してくるか。そういう知識をあらかじめ持つことは当然必要です。次に**フェンスの形と高さ**を見ます。それから**定位置**がこの球場ではどのあたりになるのか、**太陽**はどこから昇ってくるのか、どこへ沈んでいくのかを確認して、あとは**クッションボール**ですね。ライト線に飛んだ打球のクッションを捕ったら、どっちにふり向けばセカンドベースに投げられるかは、球場によって違うわけです。捕って、ふり返ってからセカンドベースを見て、という判断では遅いんです。捕るときには背中でセカンドベースの方向を感じ取っていなければならない。そのために、そこからの風景を知っておく必要があります。アメリカは、球場ごとに風景が全部、違いますからね」（石田雄太著『イチロー・インタヴューズ』より）

試合前ノックだけでは時間が足りない。公式練習はもちろん、試合前の時間を有効に使ってJKをしておかなければいけない。

強豪・一流のJK10　守備5

カバーリングとバックアップを怠らない

守備でのJKといえば、内野手、外野手のカバーリング、バックアップがもっとも大切だ。状況別の具体的な動き方は拙著『高校野球脳を鍛える実戦プレー問題集』などを参考にしてもらいたい。ここで紹介するのは、カバーリングとバックアップに対する意識だ。主にセカンドを守りゴールデングラブ賞6度の名手・**荒木雅博**（元中日）はプロ入り後、セカンドにコンバートされた直後、徹底的にカバーの練習をした。

「ぼてぼての三塁線の当たりで**三塁の一塁悪送球を想定してカバーに走り、フェンスに当たる前に直接捕る練習**に取り組みました。仁村徹さんからは、『高木守道さんはやろうとしてできなかったけど、荒木の足ならできる』と言われて」

そのプレーが実現したのは2008年7月3日の阪神戦。三塁線のバントを処理した投手のチエン・ウェインが一塁へ悪送球したボールをファーストの後方で飛び込んで止めたのだ。飛び込んだ際にユニフォームがびりびりに破れるほど激しいプレーだった。

「3年間に1回あるかないかのプレー。人によっては気づかないかもしれない。だけど自分がそれを怠ったことで試合を落とすことはしたくない。そういう気持ちでやってきました」

プロで一流といわれる人がKY＝ここまでやるのだ。逆に言えば、ここまでやるからこそ一流になれたといえるかもしれない。

オリックス時代にゴールデングラブ賞を5度獲得、メジャーでも活躍した**田口壮**も「**バックアップが一番重要なプレー**」と言っている。

「おそらく100回バックアップに走っても1回も意味はなく、何百回に1回しか報われない仕事。最近ではバックアップに走らない若い選手が増えていますが、『何百回に1回』でも報われるならば、常に走っていなければならないはずなのです。正直に告白すると、プロになってから2回ほど、バックアップに行かなかったがゆえにチームに迷惑をかけたことがあります。『今日はしんどいなあ』などと、バックアップをサボったときに限って内野手の送球が逸れたりするもの。2度のミスはそういった自分勝手な気持ちからチームに迷惑をかけてしまった苦い経験です。

だからこそ、**何百回に1回のために走り、それが報われたときには、なんともいえない仕事をした充実感があるの**です」（田口壮著『脇役力』より）

ついサボってしまう人は、こんな考え方をしてみるとよい。これも、田口の言葉だ。

「**バックアップに走ることで、試合で動けるキレをつくる**、と考えるようになってきました。何事も気の持ちようです。自分のためにもなってチームのためにもなるのであれば、バックアップに走らないことの意味がわからない。僕はそんなふうに考えています」

全力で走っても、報われないことのほうが多い。だが、それでもやり続けることができるか。高校生の場合は何百回に一回よりもはるかに多くミスが出る。仲間のミスをカバーするためにどれだけ走ることができるか。この意識のつながりが、チームの一体感を生み、打線のつながりも生むのだ。

イニング間のボール回しを工夫する

試合中、主にイニング間を利用して内野手が足場をならすのは、ここまで何度も触れてきた通りだが、イニング間にできる準備は他にもある。

印象深いのが、2008年のセンバツで東浜巨（現ソフトバンク）を擁して優勝した**沖縄尚学のキャプテン・西銘生悟**。**ピッチャーの投球練習中**は、どのチームもファースト、サード、ショート、セカンドの順にゴロを転がして一塁送球をするのが定番だが、西銘は工夫していた。**ショートの定位置から前にダッシュして捕ったり、後ろに下がって捕り、深めの位置から遠投したり、あえてワンバウンドの送球をしたり。逆シングルでの捕球も入れていた。**

それだけではない。1回戦の聖光学院戦ではこんなことがあった。7回の守備が始まる前、サードの高甫栄輝のケガの治療のために長いインターバルができた。こんなときは間延びして何となく過ごしてしまうものだが、西銘は違った。ファーストの金城圭右に**フライを投げるように要求**したのだ。

「あのときは、夕日が落ちてきた時間帯で、雲もなくてフライが見づらかったんです。（沖縄での）球場練習で夕日がまぶしくてサードが投げられないこともあったので、準備ですね。普段から自分の中で考えられる範囲のことをやっていたので、いつも通りです。時間もありましたからね」

フライだけではなく、金城には**普段のキャッチボールのような送球も要求。半身になって捕り、中継プレーをイメージ**した動きもやっていた。

ファーストが他のポジションにゴロを転がしているときは足場をならすが、西銘が他の選手と違うのは自分のポジションだけならして終わらないこと。サードやセカンドの周りも確認し、「そこ、ならしとけよ」と指示を送り、ならしに行っていた。

このように内野手がケガの治療などでグラウンドに出るのが遅れる場合、そのポジションの周りをならす人はいなくなる。いなければ、いる人がやるしかない。試合再開の第1球でイレギュラーするかもしれないからだ。西銘のように普段から他のポジションにも目を配っていれば、不測の事態にも自然と対応できる。**いない人のポジションまで〝出張〟してならす気づき**が生まれるのだ。

ノックでタイムを計る

守備のＪＫで大切なのは、走塁と同様に時間と距離。打者走者や走者の足の速さを頭に入れたうえで、打球の速さや飛んだ位置を考慮して、どこの塁にどれぐらい急いで投げればよいかを判断する。当然のことながら、強豪校ほど０・１秒にこだわって練習している。**明徳義塾・馬淵史郎監督**は言う。

「塁間は27メートル431や。わかりやすく28メートルとして、足の速いランナーはそれをだいたい４秒で走る。**１秒間で７メートル走ってる**計算や。ということは、単純計算で**０・１秒で70センチ走ってる。**加速がついたら１メートルぐらい余計に行くかもわからんけどね。０・１秒いうたら、まばたきの瞬間よ。そしたらファンブルひとつで70センチから１メートル走るということ。だからゲッツー取るのに４秒以内で完成せえとなったら、まばたきひとつのミスもダメなんだよと」

時間と距離の感覚をつかむために必要なのは体内時計を鍛えること。**ノックから必ずストップウォッチでタイムを計り、毎回タイムを確認**しなければいけない。

「練習のときにノックでタイムを計ってなかったら、ゆっくり捕って、ゆっくり投げて、それでゲッツー取った気分でやってるわけよ。それは絵に描いた餅じゃ。試合で通用しない」


一方で気をつけなければいけないのが、足の遅い走者もいること。プロ野球でもあるのが、内野手がゴロを飛び込んで捕ったときにあわてて一塁に投げて悪送球をするプレー。打球が速かったり、打者走者の足が遅ければあわてなくてもアウトにできるが、野球選手の本能で「ダイビングした」＝「急がなければいけない」と思ってしまうため、そうなりやすい。**打者走者の走力をJKしておかなければいけない。**

ストップウォッチを使用するときも、俊足の打者で急ぐとき、鈍足の打者で余裕があるときの両方を練習すること。俊足打者用の練習をするチームは多いが、鈍足打者用の時間感覚も持っていないと無駄にあわてて、余計な進塁を許してしまうことになる。

駒大苫小牧の**香田誉士史元監督**は初優勝した2004年時にすでにストップウォッチを使って

のノックを取り入れていたが、いまだにやっていないチームが多い。0・1秒にこだわることで、カットに入る位置や送球、握り替えなども工夫するようになる。

特に時間と距離の感覚を身につけたいのが、**走者二塁時のシングルヒットでの本塁への中継プレー**。二塁走者を刺すためには悪くても7秒を切るタイムが必要。俊足走者を想定すれば、タッチする時間を考え**6秒5を目指して練習**しなければいけない。たとえスムーズに中継がつながり、ストライク返球ができても7秒かかっていたら走者をアウトにはできない。これをわかっていないと、いつまでも練習のための練習をしていることになる。

強豪・一流のＪＫ13　守備8

一塁線、三塁線のグラウンド状態を確かめる

守備で毎回ＪＫしたいのが、**一塁線、三塁線のグラウンド状態**。ラインぎりぎりに転がった打球が切れやすいのか、切れにくいのか。これがわかっているかどうかで、ライン際に転がったバントやボテボテの打球を処理するのか、見送るのかが変わる。

このＪＫを毎回やっているのが**習志野**。試合前のシートノックの最後。ノッカーが内外野にフライを打ち上げている時間を利用して、補助員の選手が一塁線、三塁線それぞれに**手でゴロを転がして確かめる**。同じ球場でも雨の日のグラウンド状態、第1試合と第4試合ではグラウンド状態が違う。毎試合行うと安心だ。

強豪・一流のＪＫ14　走塁1

ホームベースからバックネットまでの距離を確認する

走塁を武器にするチームほど、球場のＪＫは欠かせない。**東播磨の福村順一監督**は加古川北を率いていた２０１０年の秋、近畿大会出場が決まると、会場の和歌山・紀三井寺球場に一人で行き、管理人に頼み込んでグラウンドの中に入れてもらった。

「足を使うチームなので、外野のクッションの跳ね方、転がり方はすごく気にするんですが、一番気にしたのは**ホームベースからバックネットまでの距離がどれぐらいあるか**。広いとふたつ行けますからね。20メートル弱でした。問題は素材です。甲子園のような**ふかふかのラバーだと結構跳ね返ってくる**んですが、紀三井寺はオール金網なんですよ。**金網ということは跳ねない**。それを頭に入れてたんで、『一塁側に跳ねたらふたつ狙え』と言ってました」

この準備が活きたのが1回戦の大阪桐蔭戦。1対0とリードして迎えた6回二死一塁の場面だった。打者・柴田誠士への4球目に中野悠佑が投じたスライダーがワンバウンドになり捕手が後逸。投球が低めの軌道なのを見て好スタートを切っていた一塁走者の井上真伊人は一気に三塁を奪った。これで動揺したのか、中野は次の5球目も再び暴投。三塁から井上が還り、2対0で大金星を挙げた。福村監督は続ける。

「**最低限、自分たちの特長を活かすための情報は必要**ですよね。この他では**グラウンドの土の硬さ、芝の跳ね方。特に外野の芝生の長さ**は気にします。いつも球場の人をつかまえて芝生の長さを何センチにカットしているかを訊きます。夏でだいたい1・1か1・2センチらしいんです。**短ければ転がる**んですよね。転がるということは、外野がいつもの感覚だと、後追いになって抜けやすい。それをランナー（の頭）に入れておく必要がある。エンドランがかかっていたとしても、転がりが速いから簡単には次の塁に行けない可能性があります。逆に芝生が長くて転がらないとなったら、ポテンヒットで一気に次へ行ける。そういう練習もしています。春先は長いですし、特に1試合目は夜露で水分が含まれているケースがありますから、『芝が滑ってるからスピンがかかるよ』と。カーンという（いい）当たりや無回転になるような詰まった当たりは伸びる可能性がありますよね」

風の確認をする

球場といえば、**風の確認**も忘れてはいけない。

「打球判断は球場によって変わってきます。この球場はどういう球場か。紀三井寺なら海に近いので甲子園のように風のいたずらがある。レフトに上がったら流されるんです。そういうことを頭に入れておくと、ハーフウェーの位置も簡単に決めつけなくなる。外野をじーっと見て、完全捕球の体勢に入ってから後ろに流されたら、なるべく早くベースに戻って次の横着なプレーがないかをうかがう。行けそうなのに行けなかったプレーは、ケース練習で同じプレーを何度も再現させます」

そう話す**東播磨**の**福村順一監督**。どんなに武器を磨いても、出せなければ意味がない。だからこそ、使うために有利な材料を仕入れ、準備をする。

「準備が無駄になるかもしれません。でも、準備して無駄はいいじゃないですか。準備せずに後悔するよりは」

無駄を恐れてはいけない。どれだけやってもやりすぎがないのがＪＫ。相手野手のバックアップ、カバーリングのチェックも含め、使える情報はすべて集める。**準備と確認が自信と根拠になり、思いきった走塁につながる。勇気はＪＫから生まれる**のだ。

捕手のサインを見て盗塁する

東播磨の福村順一監督が言っているように走塁はＪＫが欠かせない。**外野手のポジショニング、肩の強さ、芝の状態、風**……。これらが確認できているから、ＪＫ＝自信と根拠が生まれ、好走塁が生まれる。

当然のことながら、**盗塁する際も自信と根拠が必要**だ。**相手投手のクイックタイム、捕手の二塁送球タイム**を把握しておくのはもちろん、**配球**を読んで、変化球のときに走ったほうがセーフの可能性は高くなる。

相手バッテリーの配球の傾向やカウントで球種を読むのは当たり前だが、練習したいのは**捕手のサインを見る**ことだ。高校野球では走者から打者への球種伝達行為は禁止されているが、走者が自分で見て、自分で活かす分には問題ない。盗塁王5回のスピードスター・**赤星憲広**（元阪神）

はこう言っている。

「ランナーが二塁に行くとサインが複雑になりますが、一塁のときは意外とわかりやすいですよね。ランナーに出たときはキャッチャーのサインをすべて覚えて、ベンチに戻ったときに、裏にあるホワイトボードに書き出していました。変化球のときに走ったほうが絶対に成功の確率は上がりますから、サインがわかるかどうかはかなり重要でした」（立浪和義著『野球センスの極意』より）

二塁から見るのは簡単だが、一塁からでも練習すれば見えるようになる。**自信と根拠を得るためには、使える情報はすべて集める**のだ。チーム内でJK＝情報共有をすれば、自分以外の選手も盗塁ができるようになる。

相手の外野手がカットに投げるか確認する

　ＪＫができていれば、シングルヒットを二塁打に変えることもできる。２０１５年夏の甲子園準々決勝・興南対関東一の試合では、**関東一**の**黒田駿汰**が好走塁を見せた。レフトの左前に落ちるヒットを打ち、ノンストップで二塁へ。完全にシングルヒットの当たりにもかかわらず、なぜ黒田は走ったのか。

「**レフトが左投げで逆モーション**だったので」

　左投げの場合、右手のグラブで捕ったあと、二塁送球するまでに体勢を立て直す必要がある。そのワンテンポの遅れを狙って走ったのだ。右打者ながら、このときの二塁到達は8秒12の好タイム。俊足にＪＫが加わって、間一髪、二塁でセーフになった。

　実は、このときに黒田がセーフになった理由はもうひとつある。それは、相手の中継。レフトが一人で二塁に投げたのではなく、ショートがカットに入ったのだ。中継すれば、その分、余計な時間がかかる。これが、アウト、セーフを分けた。

相手の外野手がカットに投げるのか、一人で投げるのかは試合前のノックを見ていればわかる。レフト線のフェンス際から一人で投げるのか、カットに返すのか。普段の練習からの習慣が出る。カットにつなぐとわかっていれば、ぎりぎりのタイミングで勝負できるのだ。

この走塁をプロでやったのが日本ハム時代の**大谷翔平**（現エンゼルス）。14年10月15日のクライマックスシリーズ・ファイナルステージ第1戦のソフトバンク戦。7回表に先頭の中田翔が本塁打を打ったあと、フラフラとレフト前に落ちるヒットを放つと、レフトの内川聖一がショートの今宮健太に返球するのを見逃さず、スピードを上げて二塁へ走り、二塁打にしてみせた。二塁到達タイムは8秒41。特別速いタイムではない。完全にスキを突いた走塁だった。後日、大谷にこのときの走塁を訊くと「内川さんはカットに返す傾向があったので」と説明した。

ＪＫがあれば、相手のスキを突く走塁ができるのだ。

ブルペンでも試合を想定して投げる

試合を想定した投球練習――。それがどんなことかと訊くと、「打者を想定して投げる」、「打者を立たせて投げる」、「一番から九番までの打順をイメージする」と答える選手がほとんどだ。残念ながら、それでは中学生レベル。本番に近い状況にするには、もっと意識しなければいけないことがある。

興南の我喜屋優監督がよく言うのは、「**球種の変わり目とコースの変わり目をしっかり投げることができれば、試合を作ることができる**」ということだ。

「ブルペンはリスクがないの。同じくり返しを何回もできる。ゲームは1球ごとに変わるの。ブルペンは自分の要求で投げるけど、マウンドは1球ごとに球種もコースも変わる。もちろん続けるときもあるけど、みんなキャッチ（捕手）の要求でしょ」

プロでも一流投手は変わり目を意識している。オリックスなどで通算176勝を挙げた左腕・**星野伸之**は、**ストレート、カーブ、フォークの3種類の球種を投げるために、ブルペンで6パターンの練習をしていた**という。

「ストレートを投げたあとのカーブ、ストレートを投げたあとのフォーク、カーブを投げたあとのフォーク。さらにそれぞれの逆もあるので3×2＝6パターンの想定をしなければならない。それが実戦的な練習だ。ストレートならストレート、カーブならカーブと同じ球種を何球も続けて投げ込むことも必要だけど、実戦で前の球と違う球種を投げるとき、微妙に感覚が狂って失投してしまうケースを考えれば、この6パターンの練習はぜひしておかなければならない。試合で実際に投げるケースを常に頭に描きながら練習しないと、身にならない」（星野伸之著『真っ向勝負のスローカーブ』より）

球種が多ければ多いほど、組み合わせが増えるためやるべきことが増える。**特にスライダーのあとのストレートは抜けることが多いので、高校生はＪＫが必要だ。**

変わり目を意識したうえでやらなければいけないのが、**打球や走者の意識**。我喜屋監督は言う。

「相手のバッターの振りによって、打球によって、バントによって自分の動きが変わる。ところが、ブルペンは相手の打球をほとんど想定してない。特にバントの打球はね。セットになったとき、ランナーがどこにいるかほとんど想定してない。**ブルペンとマウンドの違いを少なく**せいって言ってるの」

プロのキャンプを見ていても、ブルペンでは投手が球種やコースを指定し、捕手はその通りに構えることがほとんどだ。投げ込みやフォーム固めを目的にするとき以外は、必ず試合を想定しなければいけない。試合では捕手がサインを出して投げる。ブルペンでもサインを出し、走者が二塁にいるとき用のサインなど複数のサインで練習しておく必要がある。

高校生には、延々とワインドアップやノーワインドアップで投げ続ける投手もいる。自分がどんな球を投げるかばかりに意識がいき、走者を出したときのことを考えていないのだ。セットポジションで投げているとしても、やるのはせいぜいクイック投球ぐらい。一塁や二塁の走者を見てから投げることもなければ、二塁を見る回数を変えて投げることもほとんどない。**走者を見る回数は練習中のブルペンで数パターンをやっておかないと実戦ではワンパターンになり、相手に見破られて盗塁される原因になる。**それをやったうえで1球ごとに球種を変えたり、コースを変えたりする必要があるのだ。我喜屋監督は言う。

「『ストレートがバンバン来ました。カーブが鋭いです』って、何球目からよ？　と言いたくなる。要するにキャッチの思う通り投げられなかったらダメということ。キャッチの要求は球種の変わり目がある、コースの変わり目がある。そのときにちゃんと投げられなかったら、フォアボール、あるいは長打になる。9回まで投げられないよ。だから、**ブルペンでもゲームをしなきゃダメ**。ゲームは相手があるんですよ。ブルペンは自分だけだもん。キャッチが捕ってくれるだけだもん。マウンドはキャッチの要求、バッターによって変わるの」

気持ちよく投げているだけでは練習にならない。常に実戦を想定し、少しでも実戦に近い状況を自分で作る。同じ1球を投げるのでも、この小さな努力をしているかどうかで試合の結果は変わってくるのだ。

強豪・一流のＪＫ19　投手2

息が切れた状態でピッチング練習をする

試合に近づけた投球練習にするには、投げること以外の工夫も必要だ。**明徳義塾**には、**ブルペンで50球投げたあとにグラウンドを全力で1周走り、息が切れた状態でピッチングをする**メニューがある。この練習について、馬淵監督はこう説明する。

「ピッチャーが2アウトから全力疾走してアウトになって、すぐに投げるケースもある。そういった最悪のことを想定して練習やっとるかどうかは大事よね」

プロ野球で本格的にこの練習を取り入れていたのが、プロ通算129勝、2005年にセ・リーグ最多勝を獲得した左腕・**下柳剛**（元阪神ほか）だ。50メートルのダッシュをしたあと、ブルペンで全力投球を15球。5秒インターバル（これで1セット）のあと、40メートルダッシュしてブルペンで全力15球。5秒インターバルのあと、30メートルダッシュしてブルペンで全力15球。

5秒インターバルのあと、20メートルダッシュして、ブルペンで全力15球。5秒インターバルのあと、10メートルダッシュしてブルペンで全力15球投げるというもの。〝**インターバルピッチング**〟と名付けて最低5セット行っていた。15球というのは1イニングの投球数。5セットは先発投手の最低責任回数だ。これをやっていたおかげで、一塁ベースカバーやバックアップなどでダッシュしたあとに投げても、コントロールを乱すことなどはなかったという。

また、この練習には別の意味もある。下柳は著書『気を込める』でこんなことを言っている。

「ピンチになると、心拍数が上がるやろ。で、心拍数が上がったなかでどれだけ普通のピッチングができるかっていうのは、練習では走って心拍数を上げてから投げるしかない。それをやってるから、ピンチでも『はい、練習で投げてますよ』と。あと、『あれだけしんどい練習したんやから、勝たないと、頑張らないともったいないやろ』っていうのも感じて。『ここで打たれたら、なんのためにやってきたのかわからないやろ?』って、より1球に対する大切さ、気持ちの入り方は強くなったね」

どんなアスリートでも本番では緊張感で心拍数が120〜150ぐらいになるといわれる。普通の投球練習ではここまで心拍数は上がらない。**練習時から心拍数を上げて投げ込むことで、実戦の予行演習**になるのだ。**緊張でドキドキしやすい人にとっては、うってつけの練習だといえる。**

プレッシャーをかけて内角に投げる練習をする

ブルペンを試合に近づけるために、忘れてはいけないのがインコースに投げる練習だ。多くのチームが控え選手に防具をつけさせて打席に立たせているが、これでは何のプレッシャーもない。3年生のエースがメンバー外の選手に当てても「ごめん」、「悪い」で済んでしまうからだ。これでは練習のための練習にすぎない。

強豪校のスラッガー相手に投げるとき、同点の最終回9回二死満塁カウント3－2のとき……。**試合でかかるプレッシャーと近い状態でブルペンでも練習しておく必要がある。明徳義塾・岸潤一郎**（現西武）はこう言っていた。

「僕は打席に（馬淵）監督さんを立たせたこともありますよ。引退した杉原（賢吾、2学年上の先輩）さんを立たせたこともありますし。そうすれば、（強豪に投げるときと）絶対そのプレッシャーはいっしょなんで。監督さんなんて、当てたらヤバい。『自分はどうなるんや』ぐらいの感覚じゃないですか。控え選手を立たせても意味ないです」

同じ練習をするのでも、ＪＫ＝自分で工夫することで、いくらでもよい練習に変えられる。「やっているつもり」にならず、**もっとよい練習にするにはどうしたらよいかを考える習慣**を身につけてもらいたい。

プレートの踏む位置を変える

ピッチングではプレートの**踏む位置を変えて投げることも必要**だ。楽天の**田中将大**はプレートの三塁側を踏んでいたが、ヤンキース時代の２０１６年には、プレートの真ん中を踏むのを経て、一塁側を踏むように変更した。プレートの幅は61センチ。同じ変化球を投げるのでも、軌道がまったく変わってくる。

三塁側を踏んでいるときはストライクからボールになるスライダーが有効だったが（**図4**）、一塁側を踏むようになって左打者の外角ボールゾーンからストライクになるバックドアのスライダーが使えるようになった（**図5**）。また、一塁側を踏むことによって、右打者の内角に角度をつけたツーシームを投げやすくなった（**図6**）。左打者には内角のボールゾーンからストライクゾーンに入ってくるフロントドアのツーシームが使えるようになり（**図7**）、投球の幅が広がった。

図4

ストライク→ボールのスライダー

図5

バックドアのスライダー

図6

角度をつけたツーシーム

図7

フロントドアのツーシーム

プレートの踏む位置を変えると投球の幅が広がる
(図は右投手を想定)

オリックスの**山本由伸**は本格的に一軍デビューした19年、「ホームベースに向かうボールの軌道が変わりますから。そうすると少し球の質が変わってくる感覚もあるし、バッターからすればボールの見え方も変わるはず」と**試合中にプレートの踏む位置を変更**して投げていた。自分の調子や相手打者を見ながら、少し一塁側にずれたり、三塁側にずれたりしたのだ。

「自分の感覚を第一にしながら、受けているキャッチャーの意見や感覚も聞いて。その中には打者との間合い、打者のタイミングが合っているかどうかというのもあります。多くの要素を考えながら、プレートの踏む位置を少しずつ移動していたんです」（週刊ベースボールより）

高校生の場合は、1球ごとにプレートの踏む位置を変えることができれば武器になる。同じスライダーを投げたとしても、10センチ横にずれれば打者には見え方が変わる。**ひとつの球種を何種類にも感じさせることができる**のだ。

桑田真澄（元巨人）は39歳でメジャーに挑戦したパイレーツ時代に、**柴田章吾**（元巨人育成）は愛工大名電時代にこの技を使っていた。特に球速で勝負するタイプではない投手は参考になるはずだ。

強豪・一流のJK22　投手5

投球する手や腕を守る

投手のJKには自己管理、KY＝ここまでやるかというものがある。

横浜高校で春夏連覇、レッドソックスなどメジャーでも活躍した**松坂大輔**（現西武）は入浴時、投げるほうの手である**右手の指先を湯船につけない**。長時間お湯につけて、ふやけてしまうのを避けるためだ。缶飲料を飲むときにも右手を使わず、左手でプルトップを開ける。万が一、指先を傷つけることがあってはいけないからだ。

ヤクルトのエースとして5年連続2ケタ勝利を記録、通算85勝を挙げた**館山昌平**は湿度などで指先のマメがつぶれやすい体質を踏まえ、**練習時には必ず毛糸の手袋**を着用していた。常に湿度が高い状態を保ち、汗をかきやすい夏場の登板に備えるためだ。

広島・**広陵**では投手がバスの窓際の席に座る際、**右投手は左側の座席、左投手は右側の座席に座る**ことになっている。投げるほうの肩で壁に寄りかかってしまうことを防ぐためだ。**利き腕側の肩にカバンをかけない**のは当たり前。一流は少しでも傷つけないよう、負担をかけないように危機管理のＪＫを徹底している。

強豪・一流のJK23　打撃1

打撃練習の1球目から勝負をする

打者のJKとしては**バッティング練習を試合に近づけること**が必要だ。

1球目にバントをして目慣らしをしない、ラスト1球を打ち損じたときの「もう一丁」を禁止するのは当然。なぜなら、試合ではできないからだ。もちろん、気持ちよく打っていても練習にならない。試合では1球が勝負。たった1球の甘い球をミスショットせずとらえられるかで勝敗が変わる。

そこで、紹介したいのが代打としてセ・リーグ歴代2位となる通算158安打を記録、〝代打の神様〟として活躍した**桧山進次郎**（元阪神）の練習法だ。**フリーバッティングでは打席から1、2歩前に出て、バントはせず初球から打つ。**

「初球をとらえられずファウルになる。代打では甘いボールを仕留められなければ、それで終わりだ。同じボールは2度と来ない。（この練習をやってみて）1球目から集中力を高めないと打てないと気づいた。そこから**打撃練習が調整でなくなり、勝負になった。**最初から自分を追い込む。得点圏の場面で代打にいけば、自分のフォームで打たせてもらえない。どんな投手でも1球目から対応しないといけない。バットを短く持とうが、寝かせようが、合う打ち方をしないといけない」（日刊スポーツより）

この練習は先代の〝代打の神様〟・**八木裕**がやっていたのを真似たもの。やる前は「打撃フォームが崩れるのではないか」と思っていたが、実際やってみると「逆に無駄がなくなり、形はよくなった」という。

また、代打に出るのは試合の行方を左右する重要な場面が多い。そこで、打席に立つときから勝負をしていた。

「今日のアンパイアのストライクゾーンが、例えばアウトコースが広いと言われたら、最初からバッターボックス（の立つ位置）を変えて、アウトコースに届くようにちょっとベース寄りに立ってみようとか。代打は自分中心には回ってないので、相手に合わさないといけない。いかに自分の形に持っていけるか。自分から動くっていうのを大事にしてました」（ＮＨＫ『球辞苑』より）

試合に出ている選手とストライクゾーンのＪＫ＝情報共有をして、工夫をする。これもまた、

一発で仕留めるための準備だ。好打者というのは、難しい球を打つ打者ではなく、甘い球を打ち損じない打者。どうやって、ひと振りで決めるか。代打でなくても、参考にしてもらいたい。

状況をイメージして工夫した打撃練習をする

打撃練習では、試合をイメージしてＪＫ＝状況を考えた打撃も準備しておかなくてはいけない。

ロッテの**田村龍弘**は光星学院（現八戸学院光星）時代、3年春夏の甲子園で合計3本塁打を記録したスラッガーだったが、フルスイングで本塁打ばかり狙う他の選手とは違い、考えて練習をしていた。

「**打撃練習で決めつけをする**んですよ。どのコースでも右足を引いて、右に打つとか。そのときは外に来たからじゃなくて、内でも右足を引いて打つ。絶対ライト前に打つと決めたら、わざと体の近くで右足をめっちゃ引いて内からさばいたりとか、1アウト三塁（の想定）で外野フライを打とうと思ったら、わざとポイントを近くしてめっちゃアッパー（スイング）でライトフライを上げたりとか。周りから見たら遊んでるように見えると思うんですけど、自分の中ではまったく遊んでいるつもりはない。いつか絶対こういう場面が来るからという気持ちでやっています」

普段からこのような練習をしていたことで、3年夏の桐光学園戦では松井裕樹（現楽天）に対して足を上げるのをやめ、すり足打法にしてタイムリーヒットを打つことができた。

工夫して練習しているから、打席での引き出しが増えるのだ。フルスイングするのは大事だが、やみくもにフルスイングばかりしても、試合にはつながらない。自分に主導権がある投手と違い、打者は投手が投げてくる球に対応しなければいけないからだ。**自分がやりたいことばかり考えるのではなく、相手が何をしてくるかを考えてＪＫをする。これが実戦での結果につながる。**

強豪・一流のＪＫ25　打撃3

打席に入るときは「今するべきこと」を整理する

打席に入るときもＪＫは欠かせない。初球の入り球、決め球、走者がいるときの投球パターンを観察し、配球を予測すること。そのうえで、**ベンチやネクストバッターズサークルで常にタイミングを合わせておくこと。**いかに初球から積極的に振る準備をするか。打席に入ってからタイミングを取っているようでは勝負は終わっている。

もうひとつ大事なのは、**「自分が今やるべきことは何か」頭を整理すること。最悪、最低限、最高のＡＴＫを考えなければいけない。**特に高校生は常に最高の結果を求めがちだからだ。

甲子園の準々決勝でも、1点リードされて迎えた9回裏二死三塁でフルスイングをして三振する選手がいる。この場面では長打は必要ない。フルスイングもいらない。今、何をすべきかのＪＫができていない。

では、具体的に打席に入る前に何を確認すればよいのか。ソフトバンク、巨人などで代打として1打席にかけてきた**大道典嘉**（**典良**）はこう言っている。

「僕にとって、**代打の鉄則は消去法。まず、何を打ってはいけないのか**。何をしてはいけないのか。ダブルプレーになる打球を打ってはいけないのは、たとえば一死一、三塁で代打に出るとき。ダブルプレーになったら3アウトチェンジですからね。それなら、ダブルプレーになる恐れのあるゴロではなく、フライを打たなければなりません。2アウト三塁だったら、三振だけはしちゃいけない。三振したら、終わりですから。打球を前に飛ばせば、何かがあるかもしれない。だから、バットをより一層短く持って、当てるだけでいい」

では、無死三塁や一死三塁で、内野が後ろに下がっている場面はどうしたらよいだろうか。大道は続ける。

「ランナーが三塁にいると、つい犠牲フライを打ちにいきがちです。内野がせっかく後ろに下がってくれているんでしょう？　それなら、無理やり犠牲フライを打ちにいかなくたって、ゴロを打てば点が入るんです。ピッチャーゴロ以外のゴロを打てばいいんです。ピッチャーゴロになるコースさえ外して打てばいい。プロなんだから、ゴロを打つぐらい簡単です。無理にフライを打とうと思うから、結果、空振りしたりするんですよ」（大道典嘉著『仕事人』より）

外野フライを打つのは難しいが、内野ゴロなら誰でも打てる。これは高校生も同じだ。**大事なのは、ＡＴＫを考え、どう最悪を避けるかを考えること。**最低限やるべきことは何かを考えること。もちろん、それ以前の問題として、内野手が後ろに下がっているのに気づかないことが甲子園でも頻繁にある。**しっかりと相手の守備位置、やるべきことのＪＫをして、点差に関係なく、取れる点は確実に取れるようにしたい。**

強豪・一流のJK26　打撃4

失敗を受け入れてやるべきことを考える

打てないのに、同じように打席に入っても同じことをくり返すだけ。**違う結果にしたいなら、JK＝自分で工夫することが必要だ。**

それを実践したのが、2018年のセンバツに出場した**彦根東**の**高内希**。2回戦の慶応義塾戦だった。右打者の高内だが、第1打席は慶応の左腕・生井惇己のストレートに差し込まれ、ボテボテのピッチャーゴロに打ち取られた。この打席で「タイミングが遅れていた」と感じた高内は次の打席で**バットを変更**。いつもの84センチのバットから、80センチの短いバットにしたのだ。「コンパクトに振ろう」というのが狙いだった。

バットを変え、意識も変えたことでスイングが変わり、結果も変わる。第2打席、第3打席でレフト前ヒットを放つと、1対2で迎えた8回表二死一、三塁ではレフトへ逆転の3ランホームラン。生井が捕手のサインに首を振ったのを見て、「気の強そうなピッチャーだったので、インコースにまっすぐが来るだろうなと思った」と配球を読んでの一発でもあった。

「短いバットは振りやすいし、鋭い振りになる。インコースを打つには短いバットのほうがいいので。自分の判断で使いました」

失敗を受け入れ、客観視し、やるべきことを考える。自分で工夫した結果が、大きな成果につながった。

強豪・一流のＪＫ27　打撃５

打撃練習で毎回、打撃投手の調子を確認する

高校生にもスーパー代打の切り札がいた。２０１５年夏の甲子園に出場した**石見智翠館**の**橋敬良**だ。島根大会準決勝の大社戦では９回表一死満塁で打席に入り、初球を同点タイムリー。甲子園では初戦の興南戦の８回表二死満塁で登場。２ボールからの３球目をライトへの勝ち越し打にした。この夏に打席に立ったのは、２打席。バットを振ったのは二度だけ。そのいずれもタイムリーヒットにしたのだ。

どんな準備をすれば、こんなことができるのか。橋は普段から常に代打を想定して練習していた。**バッティング練習では、打席に入る前に必ず打撃投手の調子や特徴を訊く**。

自分のチームの選手のため、知っているのに、なぜ毎回質問するのか。それは、その日によって球筋が違うからだ。同じ投手が投げていても、中４日あいているときと連投のときとでは球速

や球威、変化球のキレは変わる。「訊かなくてもわかる」と決めつけるのではなく、「いつもと違うところはないか」と考える。当然のことながら、**実際の試合では代打に出る前に他の選手から情報を仕入れる。練習から同じことをする**のだ。

練習では毎日の素振りを日課にしていた。こう聞くとものすごい数のスイングをしていたのでは、と想像するが、橋が振っていたのは1日3回から5回。「たったそれだけ?」と思うかもしれないが、「満塁を想定して、初球からフルスイングをするのをイメージしてやってました」。何百回振っても、ただ振っているだけでは意味がない。**場面、状況を想定して、全力で振る**ことに意味がある。また、**振る本数をJK=実現可能な数にすることで、どんなときもTY=続けてやることができる。**たとえ40度の熱があって寝込んでいたとしても、3回なら振ることができる。自分で決めたことをやり続けることで「オレはやったんだ」と**JK=自己肯定**することができる。**毎日自己肯定することができれば、自信が生まれる。数ではなく、どんな意識でやるのか。やり続けることが大事なのだ。**

試合では一塁コーチャーを務めていたが、イニング間の投球練習時はコーチスボックスからタイミングを取る。打者が出塁したときはエルボーガードや手袋を受け取りながら、相手投手の印象を訊く。さらに、いつでも代打に出られるようにバッティング手袋をしていた（現在の甲子園では、なぜか審判に注意されてできない）。**練習中も試合中も、たった1打席のため、1球のために準備と確認をくり返していた**のだ。橋は言う。

「準備が一番大事だと思います。準備ができていないと、気持ち的にも（思いきって）いけないので」

チャンスで初球からフルスイングできる準備をする。その結果が2打席2スイング2タイムリー。**普段からの準備でメンタルが整えば、打席で迷いなく積極的になれる**のだ。

強豪・一流のＪＫ28　コーチャー

チームのためにできることを考えて行う

ＪＫ力のあるランナーコーチとして印象深いのが、19年のセンバツで準優勝した**習志野**の背番号13・三塁ランナーコーチを務めた**佐々木駿太**。チームが一塁側ベンチのときは、**攻守交代で三塁コーチスボックスに向かうとき、打席に寄って、次の味方の攻撃の先頭打者が立つほうの打席の地面をならしていく**。なぜ、そんなことをするのか。佐々木はこう言っていた。

「相手のピッチャーの準備が早いと立ち遅れたりする。打席でならす動作がなければ、その分準備ができるので。甲子園はテンポが速いから、ならす時間がもったいない。バッターが自分の準備ができるようにしています」

誰かに言われたわけではなく、**ＪＫ＝自分で考えてやるようにした**という。「コーチャーだから」という考えではなく、**チームのために何ができるかを考えれば、プレー中以外にもチームに貢献**

できることは見つけられるのだ。

佐々木は三塁コーチャーとしての判断力にも長けていた。夏の甲子園1回戦の沖縄尚学戦。4対4で迎えた10回表一死二塁の場面だった。六番・和田泰征がセンターオーバーの打球を放つが、二塁走者の櫻井亨佑は判断を誤り、ハーフウェーをしていた。打球がセンターの頭上を越えたのを見て櫻井は三塁に走ったが、三塁ベース手前の段階でセンターからセカンドに返球された。普通なら三塁ストップのタイミング。ところが、佐々木は迷わず回して決勝の1点をもぎ取った。

なぜ、回すことができたのか。理由はいくつかある。佐々木は明快に説明してくれた。

「(中継プレーが)3つのラインだったんです。それと、セカンドがランナーの位置を確認していないのが目に入った。そこから(周りの野手が『ホーム』と)声を出しても、ウチの応援はすごいんで届かないだろうと。ワンテンポ置いて、体勢を切り替えたら、ホームは間に合わないと思いました。いい判断? それだけで(ベンチに)入ってるんで」

準備と**確認**も**自信**と**根拠**もある100点満点の好判断。佐々木のJKが延長戦での勝利を呼び込んだ。

強豪・一流のJK29 キャプテン

投手に休む時間を与えるために待球する

キャプテンの姿勢として紹介したいのが、2005年夏の甲子園で57年ぶりの夏の甲子園連覇を達成した**駒大苫小牧**の**林裕也**。もっとも印象に残るのが準々決勝の鳴門工戦の8回裏の打席だ。ここまでに本塁打、単打、二塁打を放ってサイクルヒットに王手をかけている。しかも、林は前年の2年生時に横浜戦でサイクルヒットを記録。二度目となれば史上初の快挙だ。二死走者なしと記録を狙ってもいい場面だった。

ところが、林は初球の甘い球を見送る。長打を狙える絶好の球だったにもかかわらず、だ。結局、カウント1－2から打ってファーストゴロに倒れた。この試合の第1打席で初球をホームランしたように、積極的なバッティングスタイルの林。なぜ2ストライクまで打たなかったのか。

それは、前の打者が投手の田中将大だったからだ。田中はセカンドゴロを打って一塁まで走っている。林が初球を打ってアウトになってしまうと、田中は休む間もなくマウンドに行かなければいけない。**真夏の炎天下で投げる2年生に、少しでも休む時間を与えようとした**のだ。2球ファウルで粘って6球投げさせたところに林の意思が表れている。

決勝の京都外大西戦でも同じようなことがあった。5対3とリードして迎えた8回裏二死走者なしの場面。前の打者の田中はショートゴロ。しかもショートがはじいたため、全力疾走していた。この打席で林は、初球、2球目のストライクを見送る。そこから3球ボールを選んでカウント3-2まで持っていった。最後は三振に終わったが、田中が息を整えるには十分な時間を稼いだ。

この2打席について、林はこう言っていた。「本当は打ちたかったです。甘い球でしたし。あの打席は捨ててましたね」。南北海道大会の本大会では4試合17打席で2ストライクまで見送った打席はゼロ。甲子園でも25打席立ち、2ストライクまでバットを振らなかったのは紹介した2打席だけだった。もちろん、サインではない。チームの勝利のために何をすればよいか。自分で考えた結果だった。強いチームには、必ずこういうキャプテンがいる。目に見えない貢献の仕方ができるのは、ＪＫがあるからなのだ。

ぎりぎりまで自己改善を続ける

すべての高校生に伝えたいのは、**試合直前までうまくなる可能性がある**ということ。2016年夏の甲子園で準優勝した**北海**のエース・**大西健斗**は初戦の松山聖陵戦の**試合前のブルペンでスライダーの握りを変更**した。大西は言う。

「遊び心で握りを変えてみたら、うまく縦に落ちてくれたんです」

試合で使ってみると、キレがよく、決め球になった。松山聖陵、日南学園、聖光学院、秀岳館を破って決勝進出。「ここまで使えるとは思わなかった」と本人も驚く武器になった。

高校生は伸び盛り。たとえ大会中でも、試合直前でも、いつ、何のきっかけで成長するかわからない。**調整ではなく、「うまくなるために」練習すること。ぎりぎりまで、ＪＫ＝自分で工夫することをやめないこと。自己改善を続けること。それが、思わぬ気づきを生むこともある。**

強豪・一流のJK31　心がけ2

最後までやりきる

準備を全力でやった。あとは、それを発揮するだけ。大事になるのは、**プレーを完了すること。最後までやりきること**だ。

そこで紹介したいのが、**イチロー**の姿勢。16年9月16日のフィリーズ対マーリンズ戦のことだった。3対3で迎えた延長13回裏、フィリーズは一死満塁とサヨナラのチャンス。ここで代打・ジミー・パレデスの打球はライナーでライト前へ飛んだ。満塁のため、ヒットだとわかった瞬間にマーリンズの負けは確定。この時点で守っていた野手は全員、ベンチに引きあげ始めた。

ところが、イチローだけはプレーをやめない。飛んできた打球をワンバウンドで捕球すると、全力でバックホーム。返球が届く前に三塁走者は本塁を駆け抜け、捕手は捕球すらしなかったが、イチローの送球はノーバウンドで右打席付近に到達した。

ライトがイチローでなければ、外野手は打球処理すらせず、白球はフェンスまで転がっていっただろう。あのグラウンドで、唯一、あきらめていなかったのがイチローだった。本塁へどんなにいい返球をしても、捕手はすでに捕球する気はなかったが、それでも懸命に投げた。**最後の最後まで自分ができることは100パーセントやりきる。**準備を絶対に怠らないイチローならではのプレー。生で観ていたが、サヨナラで盛り上がる他の観客とは別のところで震えるような感動があった。

実は、**最後までやりきるというのは一流アスリートの共通点。**女子サッカーの日本代表のエースとして活躍した**澤穂希**は試合終了のホイッスルが鳴ってもボールを追い続けた。勝利が決定し、チームメイトはガッツポーズをしていても、一人だけプレーをやめないのだ。ボールに追いつき、キープしたところでようやくプレーを完了。そこで初めて喜んだ。

19年の全英女子オープンで日本人として42年ぶりに優勝したゴルフの**渋野日向子**は、試合当日も含め、パッティング練習を行うことを習慣にしている。1メートル、1・5メートル、2メートル……と50センチずつ距離を変え、ピンを円形に囲むように印をつけて9パット。9本中7本決まれば終わりで、3本失敗するとゼロから始めるルールだが、これを終わるまでやるのだ。17年に始めた当初は終わるまで3時間かかったこともある難しさにも、妥協はしない。上達して30分程度で終わるようにはなったが、全英オープン3日目に単独首位でホールアウトしたあとも、午後7時すぎから30分かけてやった。19年8月の軽井沢トーナメントの開幕2日前には、大粒の雨で他のゴルファーが全員クラブハウスに引きあげる中、「これぐらいの雨なら、試合もやるじゃないですか」と一人残って取り組んだ。

自分で決めたことを最後までやりきる。この習慣があるから、緊張感が増す土壇場でも自分のプレーができる。

脳には、「だいたい終わり」とゴールが見えてくるとパフォーマンスが落ちる特徴がある（詳しくは拙著『なぜ「あと1アウト」から逆転されるのか』を参照）。一流選手は、最後までやりきることを習慣にすることで、脳の持つ悪癖から逃れる準備をしているのだ。これぞ、究極のJK。二死走者なしから四死球や安打を許す投手、9回二死からミスをした経験のある選手は、ぜひ覚えておいてほしい。

これらの例から、一流ほどＪＫを大切にしていることがわかる。やってもやりすぎはないのがＪＫ。この他にも、やれることは無限にある。紹介しきれなかったＪＫは日々のメールマガジンなどでも紹介しているので参考にしてもらいたい。

あとがき

じわっと瞳を濡らした涙が、一瞬で滝のように流れ、止まらなかった。

2015年8月に行われたU18ワールドカップ・予選の試合後。大勝し、笑顔があふれる日本代表のインタビュールームで、一人、涙を流していたのが**常総学院**の**宇草孔基**（現広島）だった。日本代表にもかかわらず、**カバーリング・バックアップ**をサボる選手が多いなかで、一人だけ手を抜かず、全力で走っていたのが宇草。そのことについて、筆者が「一人だけちゃんとやってるね」と声をかけたところ、突然泣き出したのだ。

理由は1か月前にあった。茨城県大会の4回戦・東洋大牛久戦。1点リードで迎えた3回裏だった。無死走者なしのサードゴロで三塁手が一塁に悪送球。セカンドを守っていた宇草はバックアップに走る。ワンバウンドになった球をファーストが後逸し、ボールがファウルグラウンドに転がる間に打者走者は二塁へ。ボールに追いついた宇草が懸命に二塁に送球するも、間一髪で間に合わずセーフになった。その後、この走者が犠打と犠飛で生還。同点に追いつかれると6回裏に勝ち越しを許し、1対2で敗れた。

その春のセンバツではベスト8に進出。宇草は1回戦の米子北戦で1試合5盗塁の大会タイ記録を作った。準々決勝の大阪桐蔭戦では初回先頭打者初球本塁打も放った。だが、高校生活の集大成となる3年夏の甲子園を逃したことで、後悔と自責の念が生まれた。

「自分たちの代の夏の甲子園にはどうしても出たかったんです。松林（康徳、部長）さんにも、田尻さんにも、ずっと『ちゃんとカバーに行けよ』って言われてたのに……。自分が全力で行ってれば、アウトにできてたんです」

宇草には何度も取材をさせてもらった。そのたびにカバーリング・バックアップの重要性を伝えていた。それがあったから、筆者の顔を見て1か月前のことを思い出したのだ。そのプレーの映像を見ると、宇草はやや遅れてはいるものの、サボっているわけではない。それでも、セーフになれば悔いが残る。0・1秒で70センチ進んでしまうのが野球なのだ。

U18ワールドカップで宇草は打撃不振だった。11打数でヒットはわずか1本。それも内野安打だった。当たり損ねの打球が多かったが、日本代表の中で誰よりも一塁まで全力疾走していた。バックアップも全力疾走も日本代表で一番だった。

高校卒業後は法大に進んだ宇草だったが、順風満帆とはいかない。3年春までレギュラーに定着できなかった。そのシーズンまでの打撃成績は27打数3安打の打率1割1分1厘。思うように結果が出ず、周囲から打撃フォームの改造を勧められた。それまで足を上げて打っていたのを、すり足へ。「俊足に加えて、ツボに来れば一発もある」のが自分自身の持ち味と考えていた宇草は、すり足にすることで長打が減るのではないかと懸念した。だが、「今のままくすぶっていても仕方がない」と**TY＝とりあえずやってみる**ことにした。

そして迎えた3年秋のシーズン。驚くべき結果が出た。レギュラーに定着し57打数19安打。打率3割3分3厘、2本塁打を記録したのだ。4年春も56打数19安打の打率3割3分9厘で4本塁打をマーク。長打は減るどころか、大きく増えた。**何かを捨てることで人は変われる。**これまでのフォームを捨てたことで、未来が拓けた。この2シーズンでプロの評価が上がり、堂々のドラフト候補に浮上した。

ところが、4年秋のシーズン。再び試練が宇草を襲う。ドラフトを目前にアピールしたいシーズンで大不振に陥ったのだ。右股関節を疲労骨折した影響で、思うような打撃ができない。結果的に、40打数4安打の打率1割に低迷した。

「プロに行きたい。アピールしたい。でも、結果が出ない」

気持ちは焦り、プレーもメンタルも最悪の状態だったが、宇草にはやると決めていたことがあった。**凡打でも一塁まで全力疾走すること。**そして、**攻守交代時にセンターの守備位置まで全力で走ることだ。**

「守備に就くとき、打てないと足取りが重くなるんです。だから、（ベンチから出て）『よし』と言って、気持ちを入れてからセンターまで走ってました。バッティングでは、ピッチャーゴロだと正直、心が折れます。打ったときは、一瞬、『抜こうかな』と思うんですけど、全力で走りました。自分で決めたことなので」

どんなに調子が悪くても、できることは100パーセントやりきる。「プロに評価されたい」「ドラフト候補としてカッコ悪いところは見せられない」という気持ちを捨て、自分自身と向き合った。

これをやり通したことで、思わぬ言葉をもらうことになった。ドラフト前に日本ハムの大渕隆スカウト部長の面談を受けたときのこと。こんなことを言われたのだ。

「打てなくても一番に守備に就いてたし、全力疾走してただろ。あれは誰もができることじゃない。立派な能力だよ」

宇草は誰かに評価されるためにやっていたわけではない。自分で決めたことをやりきるためにやっていたことだ。あまりにみじめな成績に、それ以外に**自己肯定感を上げる方法**を見つけられなかったのだ。**ＪＫ＝自己肯定するのに他人は関係ない。自分のためにやったことだったが、それを見てくれていた人がいた。**評価してくれる人がいた。宇草は言っていた。

「あの言葉に勇気づけられました」

日本ハムとは縁がなかったが、ドラフトでは広島から指名を受けた。それも、2位という思った以上の高い順位だった。ドラフト後もリーグ戦は続き、周囲からは「それでドラフト2位か」という声も聞こえてきたが、宇草は最後まで攻撃時も、攻守交代時も、全力疾走を貫いた。宇草が評価されたのは、選手としての能力だけではない。**どんなときもＪＫ＝地道にコツコツやることができる、人として信用できる部分を買われたのだ。**

つらいときは誰だって苦しい。だが、**つらいときこそ習慣を守ることで気持ちを立て直すことができる。どん底に落ちそうな気持ちを食い止めることができる。つらいときにいつも通りできる人は、信用され、誰からも求められる存在になる。**

宇草がやったことは「全力で走ること」。それ自体は決して難しいことではない。誰にでもできることだ。だが、その**簡単なことを続けることが難しい。**

誰にでもできることを、誰にでもできないぐらい続けてやる――。

ＪＫ＋ＴＹ＝地道にコツコツ続けてやる人だけが、ＪＫ＝人生を変えることができる。

田尻賢誉

田尻賢誉
たじり・まさたか／スポーツジャーナリスト。1975年12月31日、神戸市生まれ。学習院大卒業後、ラジオ局勤務を経てスポーツジャーナリストに。高校野球の徹底した現場取材に定評がある。『智弁和歌山・髙嶋仁のセオリー』、『日大三高・小倉全由のセオリー』『龍谷大平安・原田英彦のセオリー』『明徳義塾・馬淵史郎のセオリー』（小社刊）ほか著書多数。講演活動も行っている。「甲子園に近づくメルマガ」を好評配信中。無料版はＱＲコードを読み取って空メールで購読可能、有料版はＱＲコードを読み取って登録を。

無料版　　有料版

JK<準備《じゅんび》と確認《かくにん》>で人生《じんせい》が変《か》わる
高校《こうこう》野球《やきゅう》で結果《けっか》を出《だ》す方法《ほうほう》

2021年6月25日　第１版第１刷発行

著　者　田尻《たじり》 賢誉《まさたか》
発行人　池田 哲雄
発行所　株式会社ベースボール・マガジン社
〒103-8482
東京都中央区日本橋浜町 2-61-9 TIE 浜町ビル
電　話　03-5643-3930（販売部）
　　　　03-5643-3885（出版部）
振替口座　00180-6-46620
https://www.bbm-japan.com/

印刷・製本／広研印刷株式会社

ISBN978-4-583-11389-0　C0075